# 子育てブレスト

その手があったか！
67のなるほど育児アイデア集

プランナー
佐藤ねじ
おもちゃ作家
佐藤蕗

小学館

# クリエイティブの手法を、育児に活かす ——— はじめに

僕はデザインや企画の仕事をしています。僕のところにはクライアントである企業から、さまざまな課題が持ち込まれます。「商品が売れない」「ブランドの認知度が高くない」「採用ができない」など、一筋縄ではいかない課題ばかりです。

たとえば、クライアントから「商品をSNSで話題にしたい」という要望があったとします。その想いを受けて、僕は企画を考えます。商品のターゲットとなる人たちの気持ちを深く考えて、こんなことをされたら嬉しいのではないというツボを押す企画を考えてみたりします。

でも本当は、クライアントは「SNSで話題にしたい」ではなくて、「もっと商品を売りたい」というのが本音かもしれません。それなら、SNSで話題化するために派手な施策を打つよりも、ECサイトを強化した方がいいかもし

れない。そんな風に本心を探りながら、新しい視点で考えたりもします。

　何がゴールで、何が課題かを明確にし、その課題をクリアできる方法を探す。こういった課題解決の思考法は育児でも役立っています。子どものこととなると冷静ではいられないということも多いですが、子どもを「クライアント」と考えてみると、視点が変わるのです。

　たとえば、3歳のクライアントが「お着替えしたくない」と仰っているとき、その本音は「いまやっている楽しい遊びを続けたいだけ」の可能性もあります。そうすると、クライアントの望みは「楽しいことを続ける」となります。そこで「楽しいお着替え」を提案します。クライアントにそれが刺されば、喜んで服を脱いでくれます。


　本書で紹介する「見えない着替え室」というアイデアはその解決策のひとつ。机の下にもぐると、子どもが外界から見えなくなるという設定があり、これを発動すると、喜んでお着替えしてくれました。

このように、僕は仕事で使っているようなテクニックを、育児にも持ち込むことをよくやります。こうした、ある分野のメソッドを別の分野に持ち込むことで、ブレイクスルーさせる方法を「水平思考」と呼んだりします。

ほかにも「ビジネスのメソッド」を、育児に水平思考することもあります。小学校高学年になった長男に対しては、「部下へのマネジメント」とか「コーチング・ティーチング」の技術が役立っています。仕事で部下がうまく働けているかマネジメントをするとき、僕は毎日チクチク行動をチェックして、「あれやったか」「これやったか」と口出しはしません。たとえば、定例会議を設定して、そこで進捗をチェックするといった方法をとります。でも小学生の子に対しては、「勉強したか」「ゲームばっかりして」と言ってしまいがち。そこで仕事のように、子どもにGoogleカレンダーを教えて、毎週の定例会議をしてみることにしました。すると、小言を言わずに学習や生活の様子、困りごとなどを確認できるようになりました。この辺りのアイデアは、本書の後半で紹介しています。

ほかにも「ゲームのメソッド」を育児に水平思考して、イヤイヤ期の子に立ち向かったり、「ハックのメソッド」を使って、公園や絵本の楽しみ方を拡張させてみたり。そういうほかでうまくいっている手法を、どんどん育児にも持ち込んでみると、意外な解決策が見つかることも多いです。

また、奥さんである佐藤蕗は、おもちゃ作家の仕事をしています。彼女は、工作やお絵描きなどおもちゃ作家的なアプローチで、子どもたちに楽しい刺激を与えてきました。

本書では僕ら佐藤家が、12年間の子育てをしながら、ぶつかってきたさまざまな「困りごと」と「アイデア」をご紹介します。ちなみに書籍にする文字数の関係上、スマートに育児をしているように見えることもあるかもしれませんが、ここに書いてあるのは、大きな育児の中の、ある一面にすぎません。毎日、全然うまくいかないことがある中で、うまくいったものだけをまとめた、育児のヒント集です。何か、活かせるヒントがあれば幸いです。

佐藤ねじ

# 佐藤家紹介

**父ちゃん（佐藤ねじ）**

プランナー／クリエイティブディレクター。デジタル系が得意。「いかに労力をかけずに、親も子どもも楽しく子育てをするか」を心掛けている。

**母ちゃん（佐藤蕗《ふき》）**

おもちゃ作家／デザイナー。アナログ系が得意。おもちゃを子どもに作ったり、立体物系の工作は全部担当している。

**次男（4歳）**

保育園の年中さん。アクティブで元気な性格。イヤイヤ期の後期で、気持ちのよい理不尽さで家族を楽しませてくれる。

**長男（12歳）**

小学校6年生の兄。作ることや考えることが好き。じっくり考えて何かと向き合うのが得意で、最近はプログラミング技術を活かしてゲームも制作。

# 目次



## 年齢別アイデア 038

子育てブレストとは①

# ブレストで、〝第3の選択肢〟を見つける

本書のタイトルである「子育てブレスト」。まずは、この説明をしたいと思います。

ブレストとは、ブレインストーミングという会議手法の略称です。複数名が集まって、ひとつのテーマに対して案を出していくというもので、新たな解決法を見つけるために行います。僕は、企画やデザインの仕事をしているので、クライアントの課題を解決するために、仕事で頻繁にブレストをやっています。

では、なぜ、子育てなのにブレストするのか。それは、ブレストを通じて新しい視点が見つかるからです。

たとえば、小さい子がお風呂に入りたくないとぐずる場合、親子は「2つの選択肢」で言い合いになります。

**① 大人「お風呂に入りなさい」 ② 子ども「お風呂に入りたくない」**

ここで、ブレストして第3の選択肢を考えることで、結果としてお風呂に入れることができます。

たとえば……

**③「あと10秒でお風呂のドアが開かなくなってしまう！」というゲームを発動**

こうすると、子どもは面白がって、逆に率先してお風呂に入りたがってくれる、なんてことが起こります。うちの子の場合、心から「お風呂に入りたくない」と思っているのではなく、YouTubeを見ていて入りたがらない場合も多いので、お風呂側に楽しいことを設置すれば、ふつうに入ってくれるというわけです。必ずしもアイデアが毎回成功するとは限りませんが、親と子どもがどちらも楽しめる選択肢があるだけで、心にゆとりが生まれます。

こうした子育てアイデアは、「子どものために尽くす」というより、まず「自分が楽しみたい」という気持ちがベースにあります。自分が楽しいと思う選択肢の中で、子どもにとっても楽しいところを探す。そんな、親と子、それぞれがハッピーになり得る〝交差点〟を探すのがポイントです。

子育てブレストとは②

# ゴールは、分解して考える

「子育てブレスト」を実践する際のコツは、達成できないゴールをクリアしようと頑張るのではなく、クリア可能なゴールを見つけることです。

たとえば、子どもが保育園に行かずに困っているときのゴールは「子どもが保育園に行く」です。でも、もしそのゴールが達成できないとしたら、ゴールが大きすぎる可能性があります。こういう場合、ゴールを阻害する「障壁」を見つけて、ゴールをもう少し達成可能なものに分解してみましょう。

まず「障壁」は何か。朝、お着替えをしてくれないから行けないのか、それとも何かしらの理由で玄関から外に出ないから行けないのか。こうやって課題を絞っていくと、具体的な対策を考えやすくなります。

仮に、玄関から外に出ないことが障壁なら、「保育園に行かせる」ではなく「玄関から外に出てもらう」ことだけをゴールにして考えると、解決策を考えやすくなります。

「ドアを開けると楽しい音が鳴る」という仕掛けを作るのもいいし、家を出たところに何か楽しいものが置かれているのもいい。自転車を先にタッチした方が勝ち競争にしてもいい。本書で紹介する「へんしんBOX」や「朝の運動会」のアイデアも、玄関を出てもらうことをゴールにしたものです。

本来、ブレストは複数名でアイデアを出すものですが、「子育てブレスト」は1人でやってもOKです。もちろん夫婦でも、子どもを交えてやってもいいと思います。正解はひとつではなく、無限にあります。本書でご紹介するアイデアも参考にしつつ、ぜひ楽しい子育てブレストをやってみてください。

ほいくえんいかない!!
ゴールは
「玄関から出てもらう」
玄関あけたら
たのしいものがある!
たのしい
音がする!!
チャラーン
いってきます!!

# この本の読み方

本書でご紹介するアイデアには2種類あります。佐藤家の子育て課題を解決するために実践してきた「課題解決タイプ」と、子育てをテーマに生まれた「作品タイプ」です。息子たちが何歳のときによく使ったアイデアなのかという年齢順にまとめています。これはあくまで佐藤家の場合。年齢は目安として、お子さんの成長に応じてご活用ください。

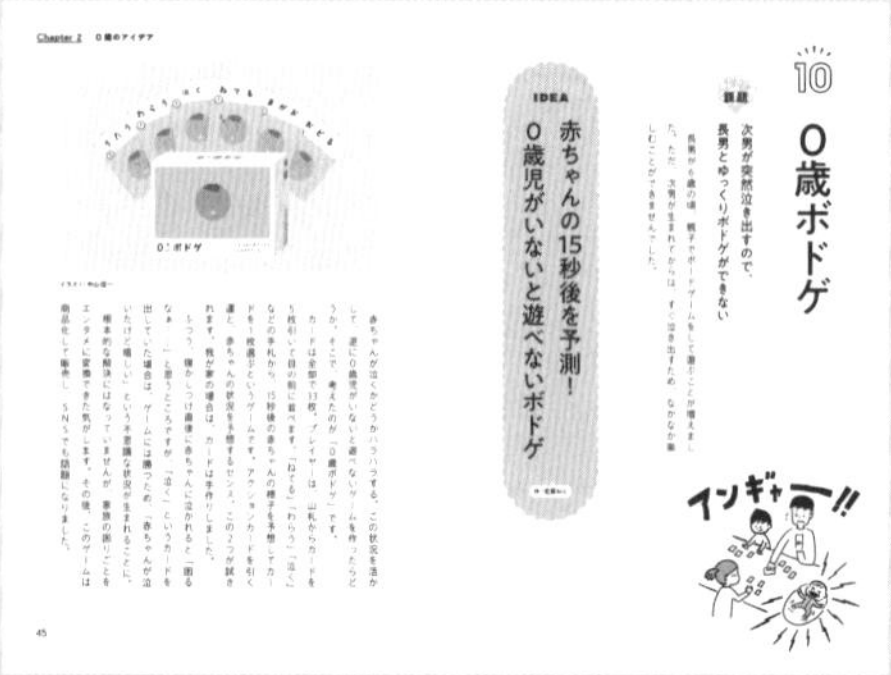


**課題解決タイプ：**子育てに関する「課題」と、その課題解決のために考えた「アイデア」をご紹介。ご家庭でも実践しやすいものを選びました。

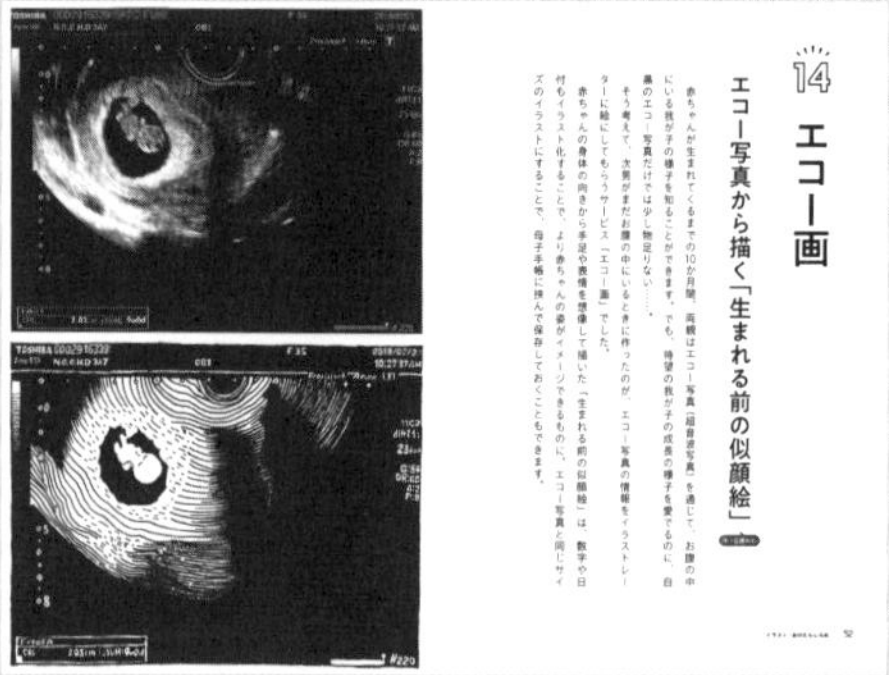


**作品タイプ：**息子たちの成長と共に生まれた「作品」です。ご自宅で再現するには手間がかかるものもありますが、パラパラ眺めて楽しんでください。

各アイデアの原稿は、僕か奥さん、その案を考えた人が書きました。夫婦で考えたものは僕が担当しています。見出しの下に小さく記載しています。

Chapter 1

# 佐藤家
# 子育てアイデア
# 8選

SNSでも特に反響の大きかった
8つのアイデアをご紹介します

# 1

# 小1起業家

## 900円借金して、コーヒー屋さんを家庭内起業

作：佐藤ねじ

きっかけは小1の頃の長男がポケモンカードにハマったことでした。カードが欲しいけれど、彼のおこづかいは月に100円で、ポケモンカードは1パック150円（当時）。どうしたらお金が手に入るか悩んでいたので、僕が講師になって「おこづかい講座」を開きました。

その講座では、「お金とは何か」「お金を得るための方法は、困りごとを解決すること」「新たなビジネスを考える方法」などを息子に解説。ちなみに、受講料として息子から100円取っています。おこづかい1か月分なので、息子もかなり真剣に受講してくれました。

「お金を稼ぐには家庭内で起業したらいい」と気づいた長男は、僕と一緒にさまざまな起業アイデアを考えました。検討を重ねた末、長男が選んだビジネスは、両親が好きなおいしいコーヒーを家で飲めるようにするコーヒー屋さん事業でした。

# 小1起業家

900円借金して、コーヒー屋を家庭内起業

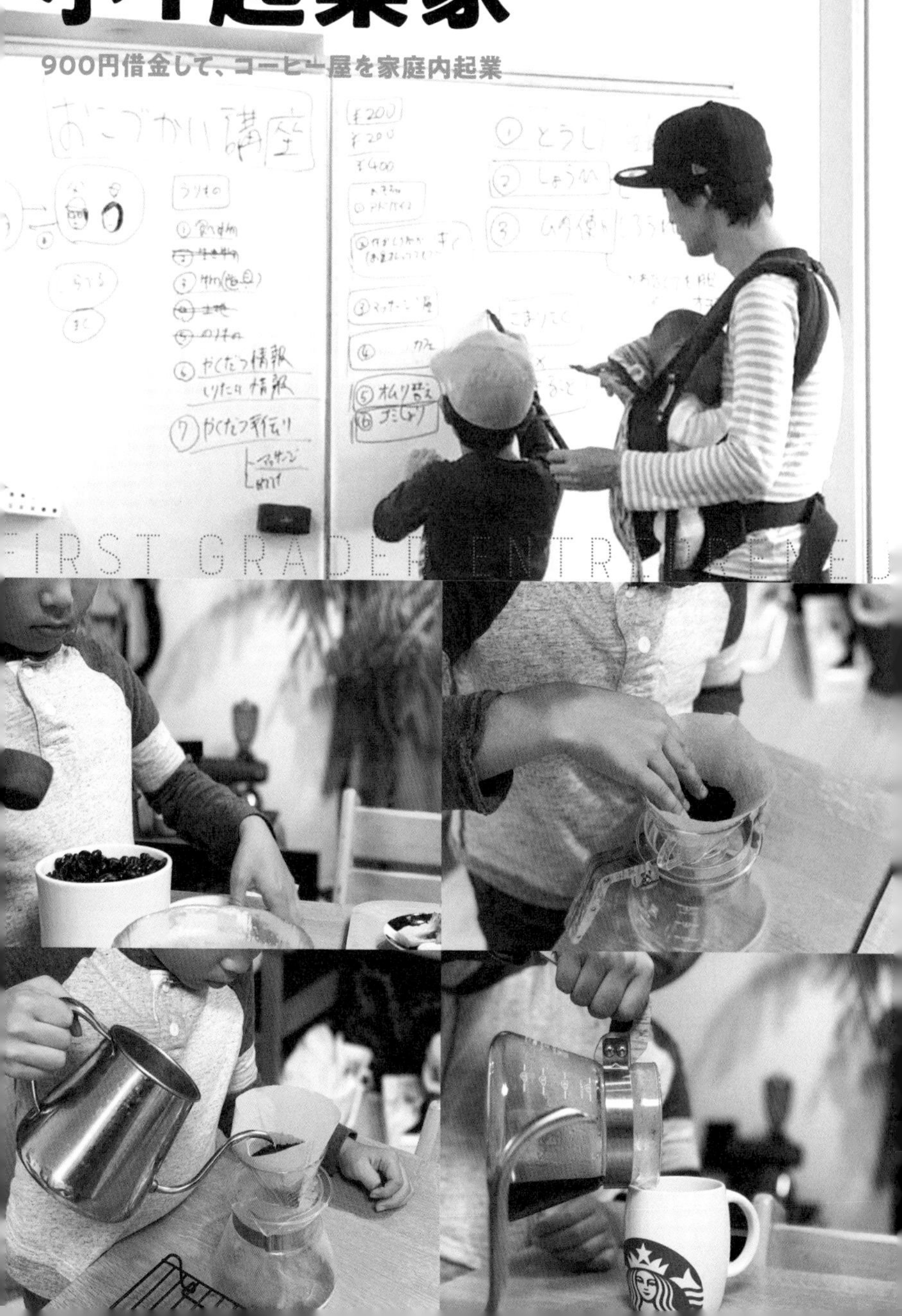

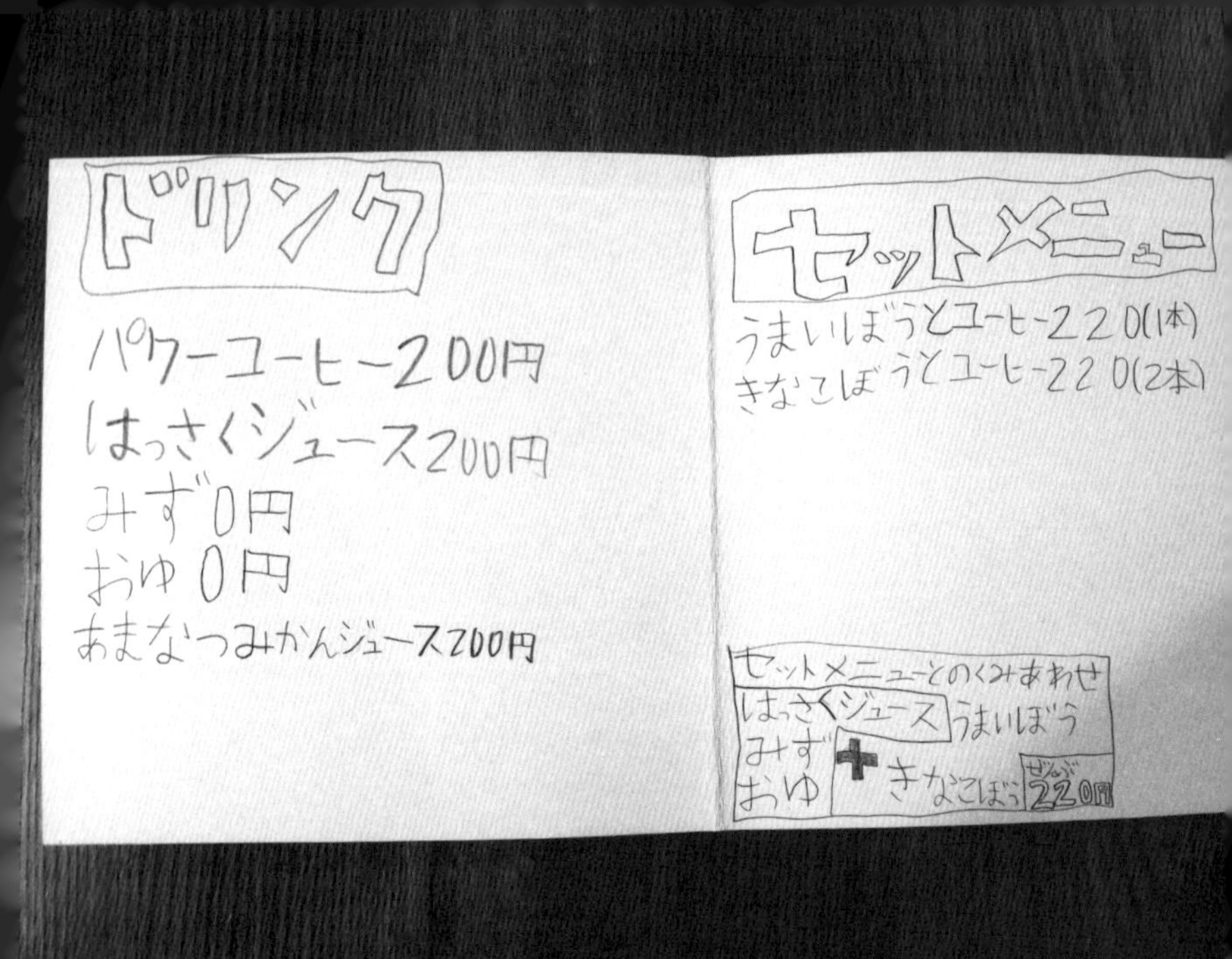


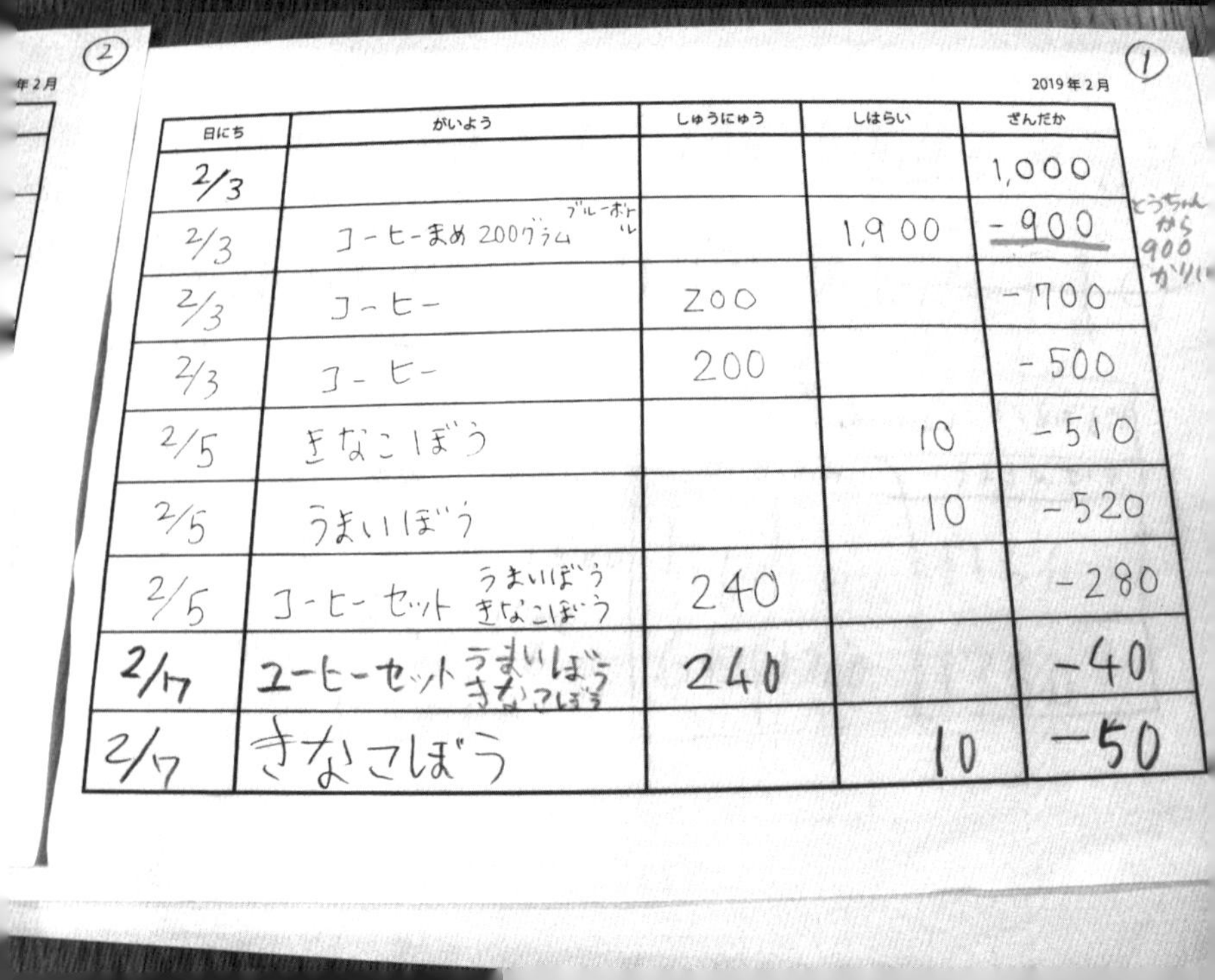
②
年2月

①
2019年2月

| 日にち | がいよう | しゅうにゅう | しはらい | ざんだか |
|---|---|---|---|---|
| 2/3 | | | | 1,000 |
| 2/3 | コーヒーまめ 200グラム ブルーボトル | | 1,900 | -900 |
| 2/3 | コーヒー | 200 | | -700 |
| 2/3 | コーヒー | 200 | | -500 |
| 2/5 | きなこぼう | | 10 | -510 |
| 2/5 | うまいぼう | | 10 | -520 |
| 2/5 | コーヒーセット うまいぼう きなこぼう | 240 | | -280 |
| 2/7 | ユーヒーセット うまいぼう きなこぼう | 240 | | -40 |
| 2/7 | きなこぼう | | 10 | -50 |

とうちゃんから900かりい

起業準備として最初にやったのは、コーヒー豆の仕入れです。ただ、いいコーヒー豆だと100グラム1500円くらいのものも。小1には高価です。そこで、お年玉貯金の1000円に加えて、僕から900円借り入れして、200グラム1900円のコーヒー豆をブルーボトルコーヒーに買いに行きました。

続いて、利益の計算です。コーヒー1杯をいくらで売ったら利益が出るかを計算した結果、価格は1杯200円に設定。全部売れれば、売上は2200円で300円の利益が出るとわかりました。ハンドドリップでいれるため、最後は入れ方の勉強会も開催し、準備は万端。いよいよ佐藤家にお店がオープンしました。

おいしいコーヒーがカフェに行くより安く飲めると、僕と奥さんに大好評だったので、次はコーヒー好きに人気のサザコーヒーで新たな豆を仕入れることに。こうして事業展開した結果、3か月後には1150円の利益が生まれました。

お金の勉強を通じて、ターゲットのニーズを把握し、借金というリスクをとってコーヒー豆を買い、家庭内起業で利益を得る。最終的には長男もポケモンカードを買うことよりも、コーヒー豆を買い集めて、コーヒー屋さんをやることに面白さを感じていたようでした。

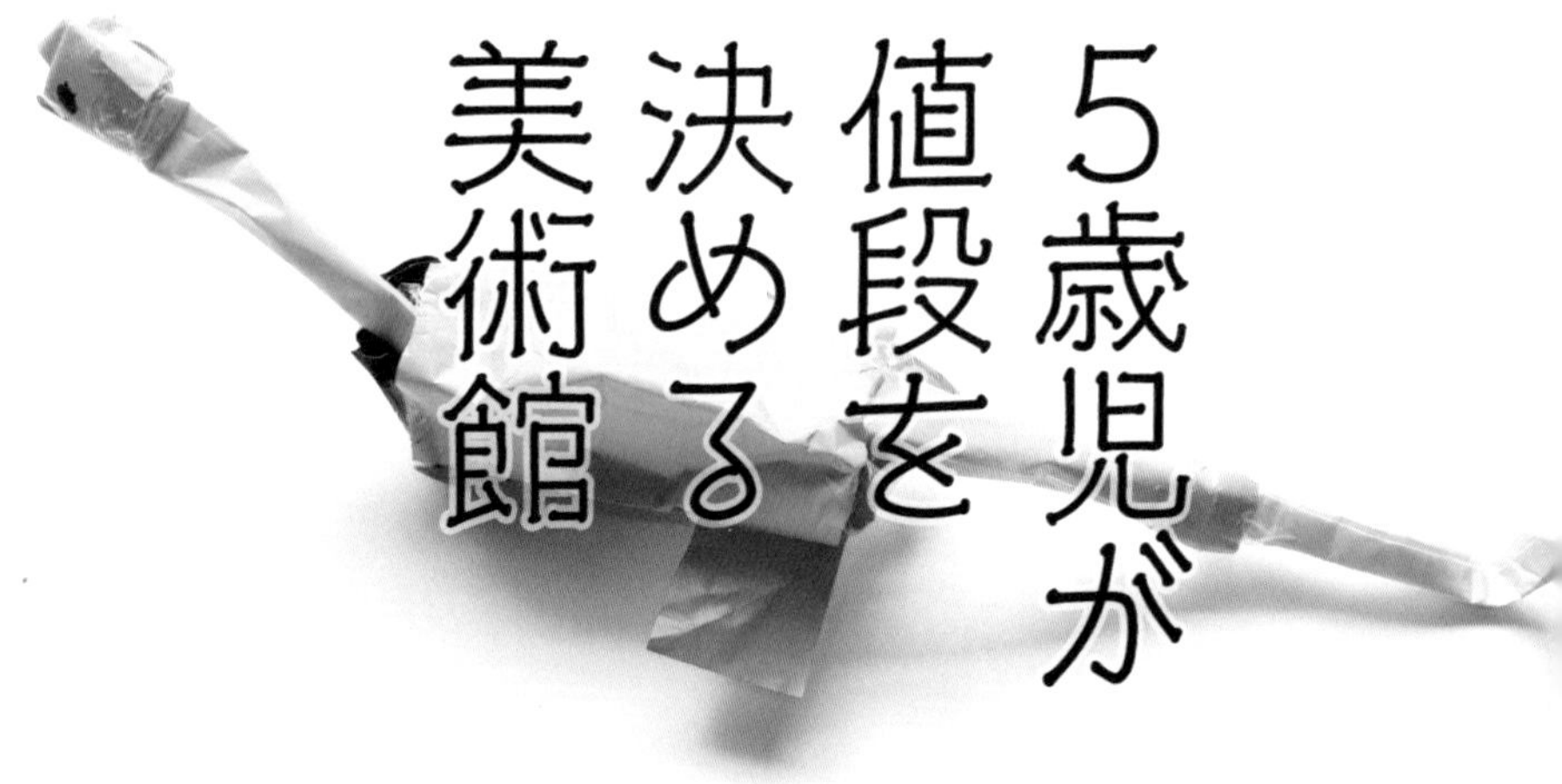

# 5歳児が値段を決める美術館

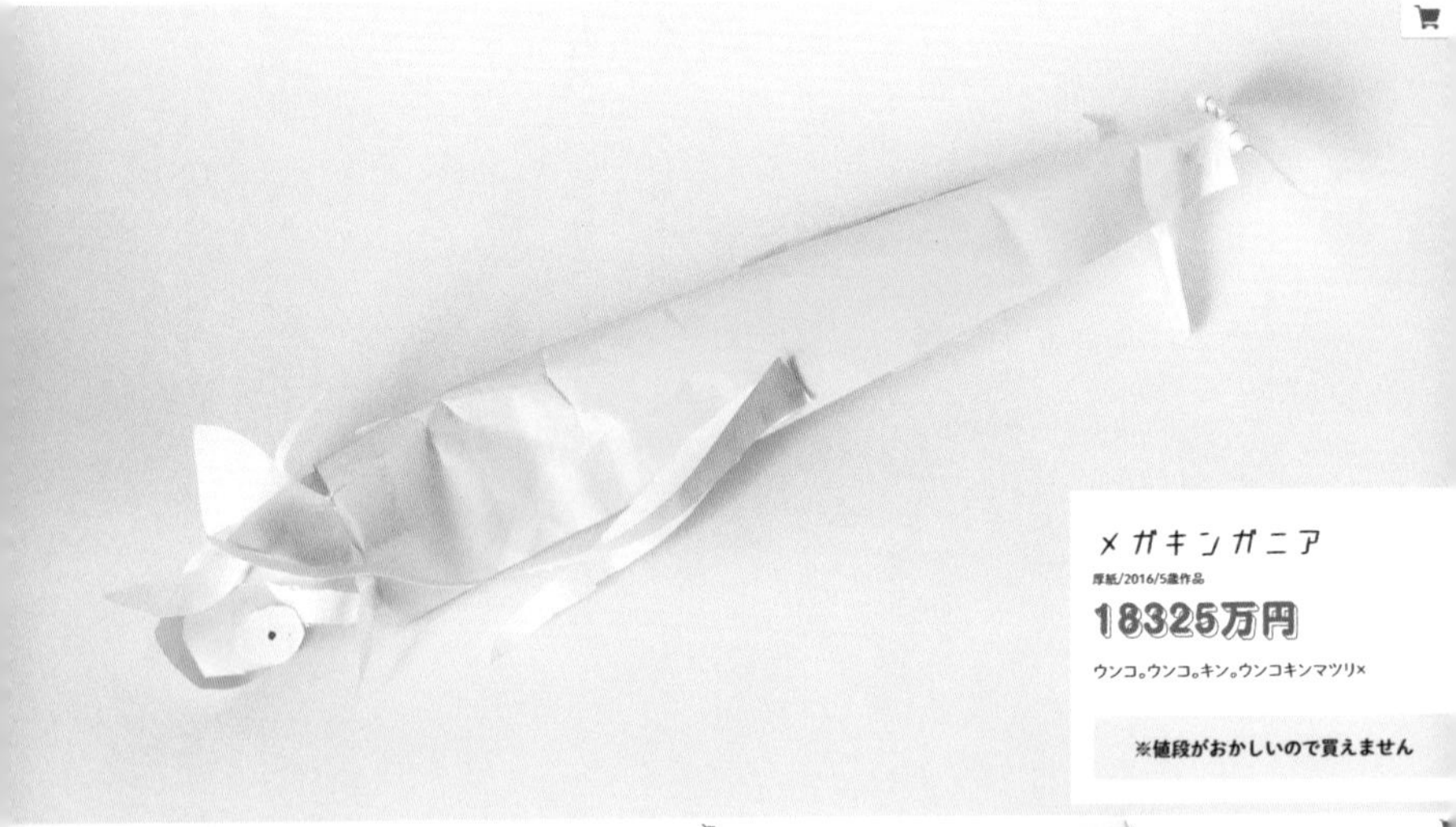

メガキンガニア

厚紙/2016/5歳作品

**18325万円**

ウンコ。ウンコ。キン。ウンコキンマツリ×

※値段がおかしいので買えません

モア

コピー用紙/2016/5歳作品

**600000000円**

げんざいにはいない、とりの一種で、モアというむかしではひとびとのとりにくのようなそんざいになっていたような、とりだったのだ。

※値段がおかしいので買えません

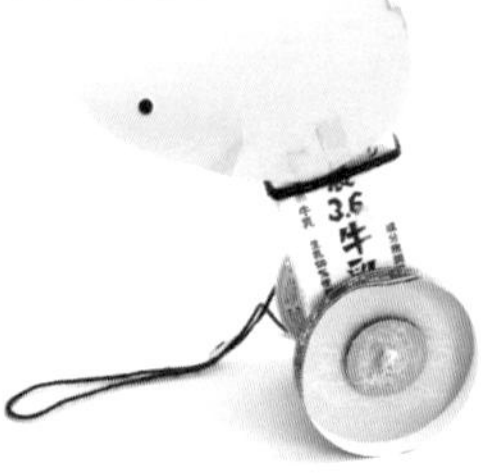

コロちゃん

厚紙/2015/4歳作品

**175円**

コロコロはしるなんかよくわからないきもちわるいったい。

なくした／こわれた

ハネリュウ

紙/2016/5歳作品

**無量大数円**

そらをとび、りくもあるけ、うみにもはいれるむてき
のハネリュウ。ほのおの火山にいたハネリュウわ、
まいにちひたすらそらをとび、りくをあるき、うみに
はいらないとちからがぬけてしまうが、ぎゃくにほ
のおの火山にいれば、だいじょうぶなハネリュウつ
よさわ、3007のリュウです。

※値段がおかしいので買えません

アロサウルス

厚紙/2016/5歳作品

**152円**

きょうぼうだが、ちからわきょうりゅうのスーパーサウルスや、アルゼンチノサウルスにわかてないまぁまぁおおがたの、にくしょくきょうりゅう。かむちからわ、ティラノサウルスよりわ、よわいけれど、まぁまぁつよいかなぁーくらいの力のきょうりゅうであった。

SOLD OUT

プテラノドン

厚紙/2016/5歳作品

**1000円**

そらをとぶまぁまぁおおきめのよくりゅうでおおきさわ6メートルほどでにくしょくのよくりゅう。よくりゅうのそせんにわむしをたべるよくりゅうもいたのだがこのよくりゅうわちがってにくしょくのむしわたべないよくりゅうなのだ。

SOLD OUT

ゾウ

厚紙/2015/4歳作品

**300円**

メガゾウウンコキンマツリ×

SOLD OUT

ティラノサウルス

ン、紙/2015/4歳作品

**9億数千万円**

せかいでもっともつよい恐竜。

※値段がおかしいので買えません

ロケットチーター

厚紙/2016/5歳作品

**無限大数円**

980060000きろのはやさ。

※値段がおかしいので買えません

ほんもののさかなをそのままかいたクロソイ

クレヨン、紙/2016/5歳作品

**9005千円**

ずかんのためにかいていたさかなのクロソイのすがた。

※値段がおかしいので買えません

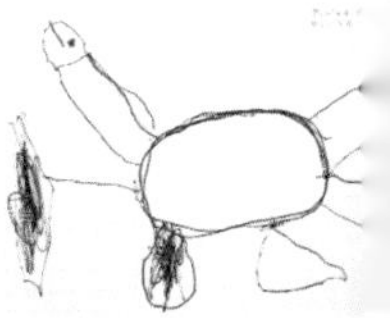

テンバラスソロアサラ

ペン、紙/2015/4歳作品

**7億円**

うみのリュウ。

※値段がおかしいので買えませ

タコガスミをはいているところ

ラスチックカップなど/2015/4歳作品

**6千円**

コがスミをはいています。

カートに入れる

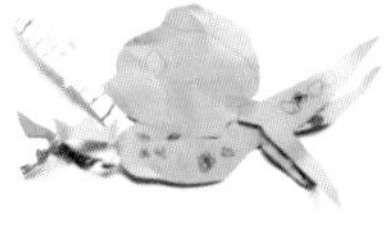

プロケラドン

厚紙/2016/5歳作品

**7万円**

プロトケラトプスのようなふしぎなきょうりゅう。

カートに入れる

すいすいおよぐぺんぎんさん

厚紙/2016/5歳作品

**3千円**

ぺんぎんがすいすいおよいでいます。

SOLD OUT

ロケット

ペットボトル/2015/4歳作品

**100万円**

おおがたロケットうちゅうへゴー。

なくした／こわれた

リュウ

紙/2016/5歳作品

**9000500円**

リリエンステルヌス

厚紙/2016/5歳作品

**900000000100100**

ゲームそうち

紙コップ/2016/5歳作品

**800600070000**

かぎ

紙皿、プラスチックの破片/2016/5歳作品

**3万円**

# 2 5歳児が値段を決める美術館

## 子どもが決めた値段で、アートを売ります

作：佐藤ねじ

アートにおいては「コンセプト」や「表現」に加えて、「値段」というのも大事な要素です。もし5歳児がアーティストとして自分の作品に「値段」をつけたら、どんな世界観が生まれるのか。そんな妄想から作ったのが、ＥＣサイト「5歳児が値段を決める美術館」です。

きっかけは、家に長男の工作や絵がどんどんたまっていったことでした。部屋が散らかるから処分したいけど、ただ処分するのも忍びない。そこで、4〜5歳にかけて長男が作ってきた作品を、5歳児の長男自身に「作品名・キャプション・値段」をすべて決めてもらい、実際にＥＣサイトを作って販売してみました。

まだ数字の概念もおぼつかない5歳児なので、価格設定からしてかなりユニークです。「152円」という手が届きやすい価格のものから、「9億円」「100億円」、ときには「3千ジジイ円」「進撃のき持ち悪る胃ミズダコ円」のような謎単位も登場します。各作品の解説もすべて、5歳児がしゃべったことをそのまま掲載しました。ECサイトの仕様上、1億円までのものなら実際に買えるようになっています。

サイトをオープンすると、TV取材なども入って話題になり、国内外の方々が何点か作品を買ってくれました（数百円から数千円のものです）。作品が売れた際は、購入特典として、折り紙の手裏剣や巻き物を入れるなど、工夫して楽しんでいました。

親側は作品を撮影したり、サイトを作ったりと作業量が多くて大変でしたが、価値について考えさせられる非常に面白い体験でした。9万円など高価な値段がつけられた工作物は、なんとなく家での扱いも丁寧になったりするので不思議です（笑）。あとは、子どもの作品を額に入れると、より素敵に見えることも発見でした。

くらしのひらがな

おはよう

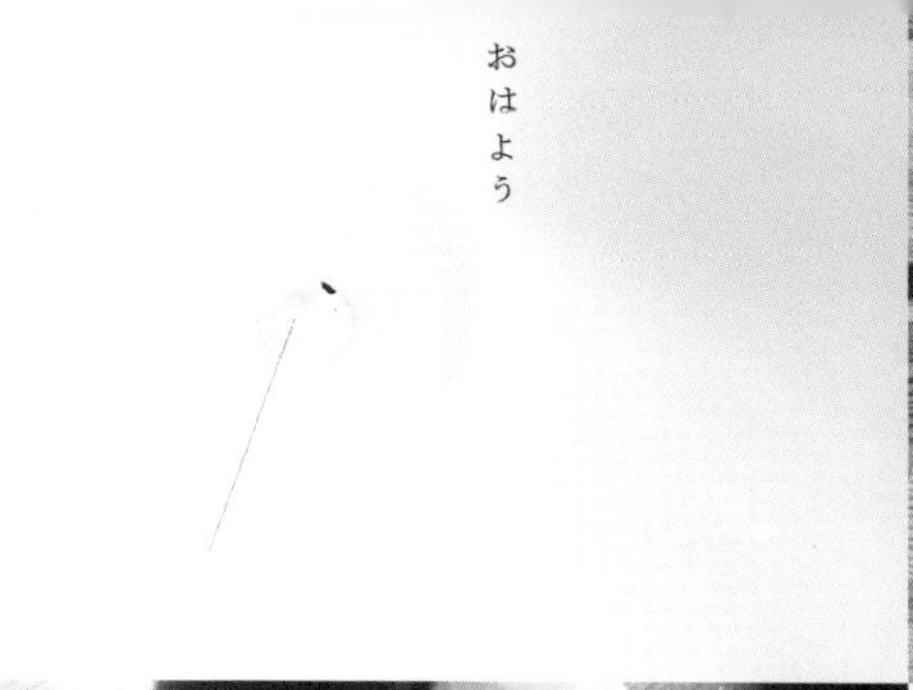

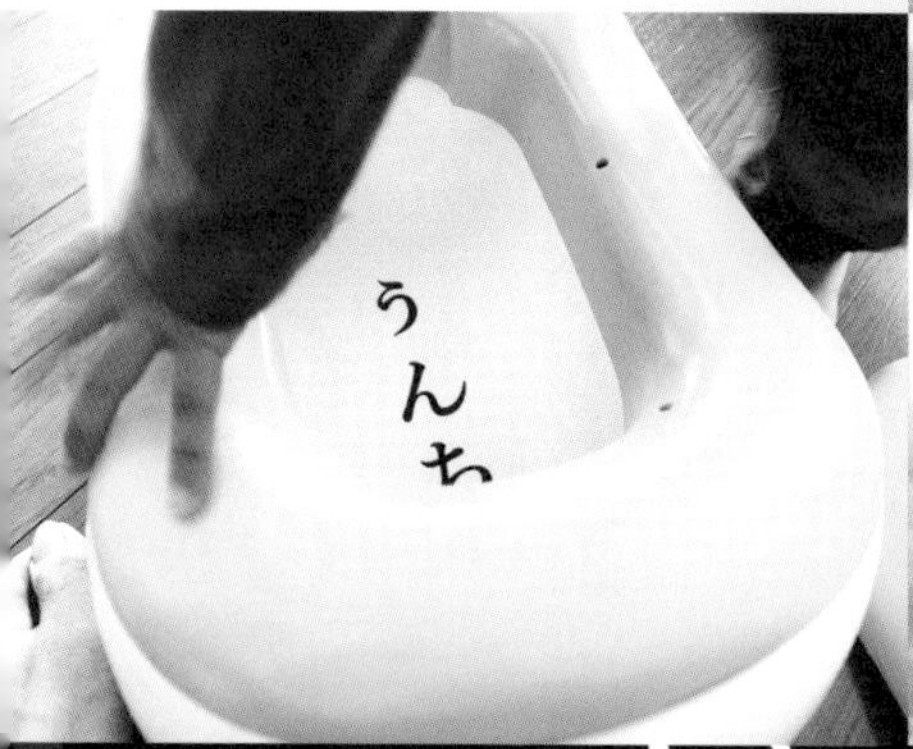

# 3 くらしのひらがな

## 日常生活にひらがなを配置した「空間あいうえお表」

作：佐藤ねじ・蕗

子どものいるご家庭ならば、なじみのある「あいうえお表」。

多くの子どもは、「あいうえお表」を使って、ひらがなを学びます。表には、文字に対応する絵が描かれ、絵とひらがなを見比べることで、文字を覚えていくというものです。

つまり、何かのビジュアルとひらがなが一致していれば、子どもはその文字を覚えられるわけです。だとすれば、イラストじゃないものでも「あいうえお表」を作れるのでは？　そう考えて生まれたのが「くらしのひらがな」です。

窓から差し込む光で「ひかり」や「かげ」という文字を作ったり、お風呂に反転した文字を貼って鏡をのぞくと「かがみ」と書いてあったり、日常生活のさまざまな空間や現象に、ひらがなを配置しました。長男が4〜5歳の頃、こんな不思議なひらがなが貼られた家で生活していました。

すきま

# 4 等身大パネルマザー

## 後追いが激しい1歳児に母親の等身大パネル

作：佐藤ねじ

次男は1歳の頃、「後追い」が非常に激しく、奥さんの姿が数分見えないだけで泣き出していました（父親の僕ではダメ）。この年齢はまだ物体の把握能力が低いそうなので、「母ちゃんっぽいものが等身大で立っていれば泣かないのでは？」と考え、奥さんの等身大パネルを制作することに。できたパネルをキッチンにある柵の奥に置いてみたら、「母ちゃんいるね」とチラ見で確認だけして（笑）、20分間ほどTVを見たり、おもちゃで遊んだりしていました。

この等身大パネルをSNSにアップするとアジア・アメリカ・ヨーロッパ、そしてアラブ圏まで拡散する大反響に。世界中の人も同じような子育ての悩みを抱えているんだなと知ることができて、面白かったです。その後、パネルは家でおもちゃ扱いされ、次男に何度もパンチされていました……。

# 5 Park Pen

## 落ちている枝を、公園専用の筆記具に

作：佐藤ねじ

公園に行くと、子どもたちがちょうどいい具合の枝を探して、土に絵を描いているのをよく見かけます。落ちている木の枝は、「公園専用のペン」と言い換えられます。もし、それが太さ順に整理されて、文房具屋さんのペンのようにパッケージされて並んでいたら楽しいかもしれない。「Park Pen」は、そんな空想から作りました。

僕がパッケージを作り、公園に落ちていた枝を袋の中に入れます。2〜15㎜の太さ順にまとめ、お店のように並べてみました。当時4歳だった長男は、喜んでいろいろな太さのペンを試していました。

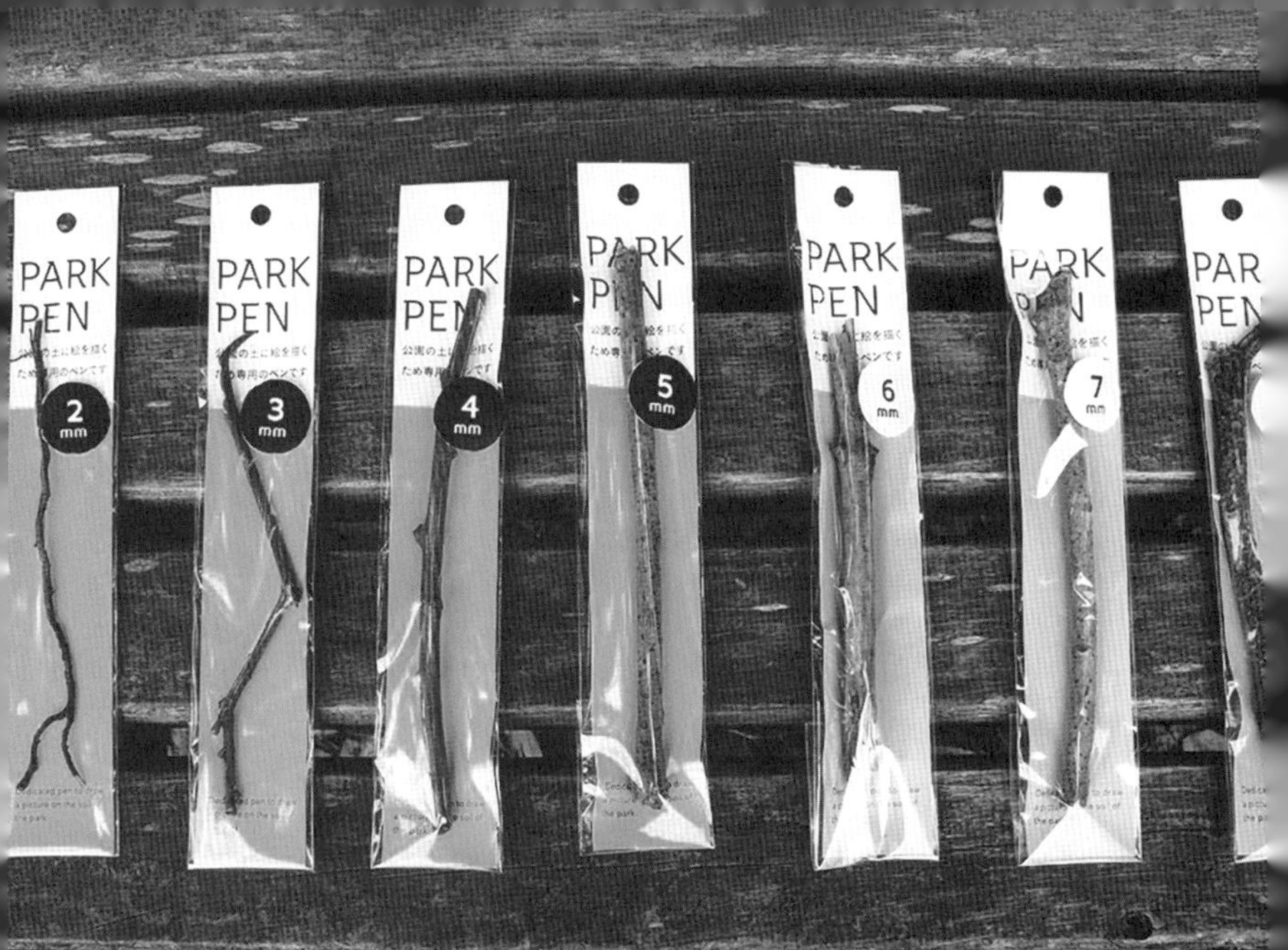
PARK PEN
公園の土に絵を描く
2 mm
3 mm
4 mm
5 mm
6 mm
7 mm

PARK PEN
10

6 mm
7 mm
8 mm
PARK

# 6 車窓忍者

## 車窓を背景に、忍者がぴょんぴょん飛び跳ねる

作：佐藤蕗

小さい頃、電車の窓から外の風景を眺めるとき、脳内に忍者を出現させて、屋根から屋根へとぴょんぴょんと飛び移らせるという「脳内ゲーム」で遊んでいました。

その妄想を具現化したのが、「車窓忍者」です。忍者の絵を透明な下敷きに貼り、電車の窓にかざして動かします。電車での移動中はぐずりがちだった当時8歳だった長男も、夢中になって遊んでいました。SNSにアップしたあとは、海外の方からも大きな反響をもらい、ときには「自分の場合は、忍者じゃなくて、スケボーに乗っている人を妄想していた」といった感想をもらうことも。いまだに国内外で、自作して楽しんでくださる方がたくさんいる作品です。車での移動中も同じように楽しめますよ。（※公共交通機関では、周りの方の迷惑にならないようご注意ください）

# 7 へんしんＢＯＸ

## 2~3歳児の登園しぶりに魔法のＢＯＸ

作：佐藤蕗

次男が2~3歳の頃、朝、保育園に行きしぶることが増えました。そして、夕方は保育園から帰りたがらない。そこで用意したのが「へんしんＢＯＸ」です。

朝、登園前に、次男が「へんしんＢＯＸ」の中に好きなものを入れます。入れるものは、ビー玉やリンゴなどなんでもＯＫ。次男が保育園から帰って箱を開けると、別のものに変身しているという遊びです。もちろんモノが変身しているのは、親がお迎え前に差し替えておくから。朝は、「さぁ、ＢＯＸに入れるものを選ぼう！」で出かけられて、帰りは、「ＢＯＸの中身、変身してるかな？」で帰宅できます。仕事などで外出する方は、小さなＢＯＸを持ち歩くのがおすすめです。もちろん、いつでも有効なわけではありませんが、次男には効果抜群でした。ぜひお試しください。

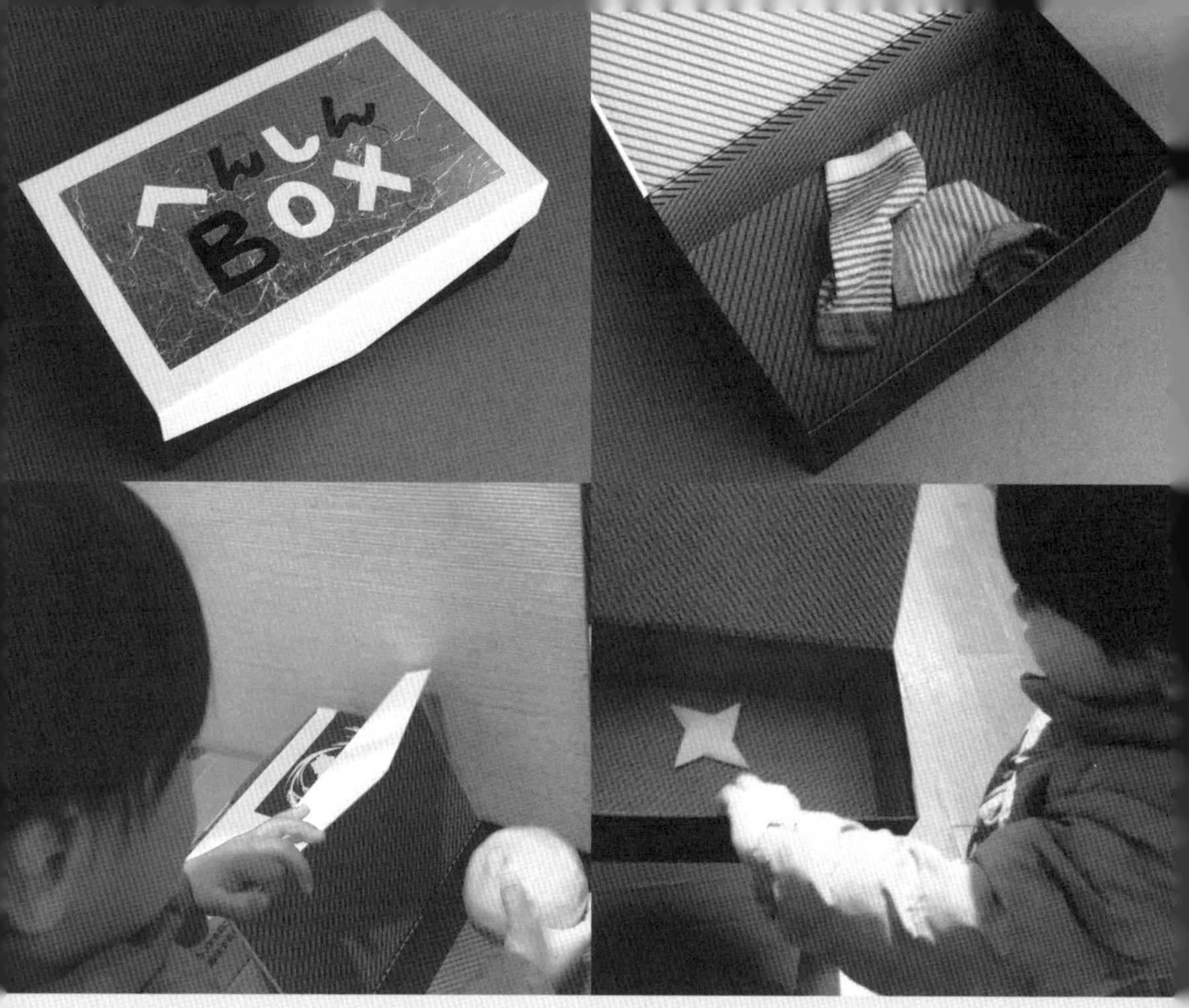
へんしんBOX

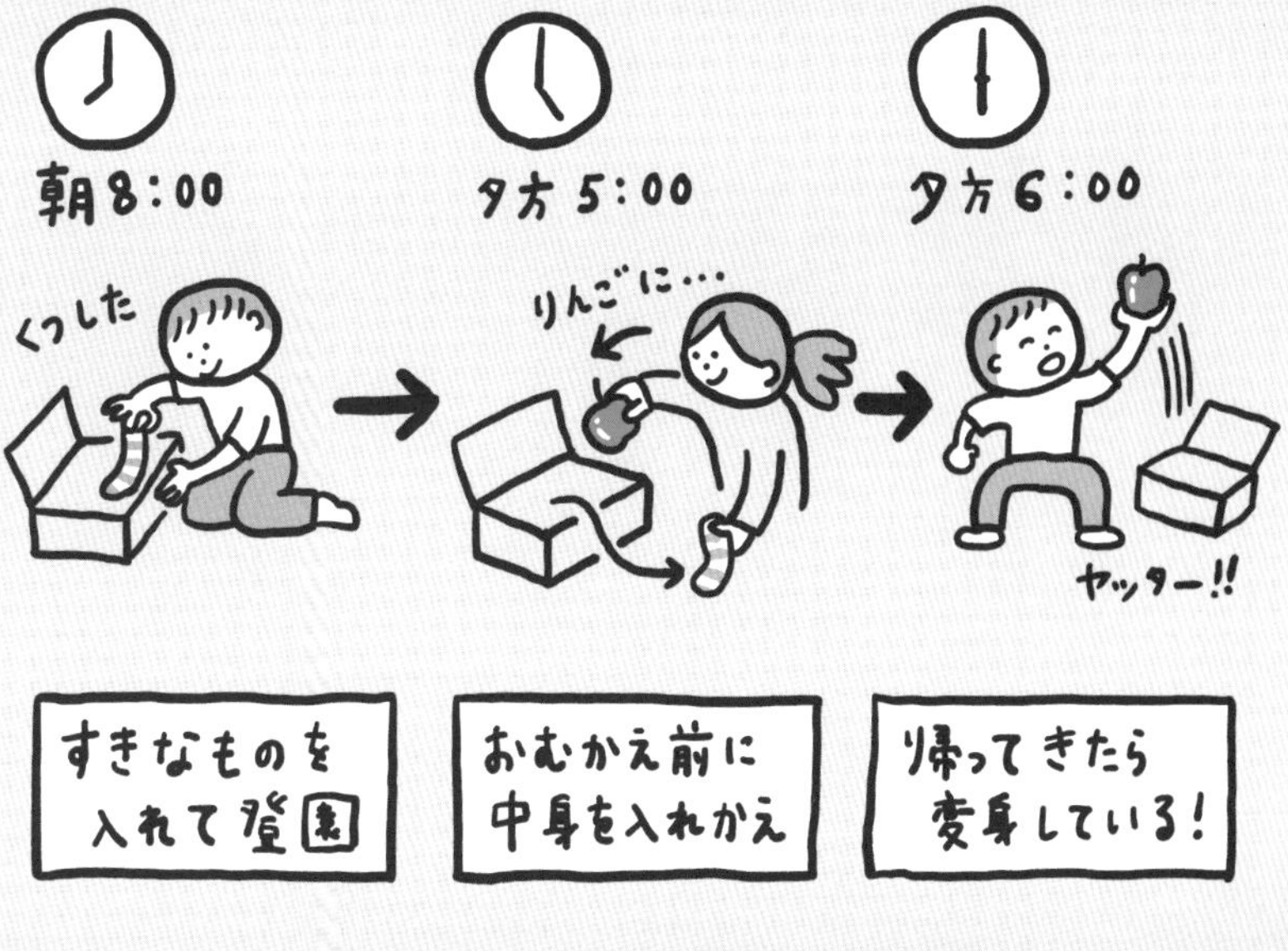
朝8:00
夕方5:00
夕方6:00
くつした
りんごに…
ヤッター!!
すきなものを入れて登園
おむかえ前に中身を入れかえ
帰ってきたら変身している!

# 8 顔ハメ絵本

## 物語の一部になれる絵本

作：佐藤ねじ・露

絵本の新しい遊びを考えて作ったのが、「顔ハメ絵本」です。穴の空いた絵本に人が顔をハメて、登場人物になりきるというものです。僕が企画し、奥さんが絵を描いて、桃太郎の話で「顔ハメ絵本」を作ってみました。

鼻を使った「桃」の表紙から始まり、ページをめくるたびにおばあさん、桃太郎、きびだんご、やられている鬼など、さまざまな登場人物の顔に表情を変えながら読んでいきます。

見せ場は桃太郎が桃から生まれるシーンです。顔をハメる人が、厚紙の桃を貼った手袋を着けて「いないいないばぁ」をすると、顔が現れて、桃太郎が誕生します。ふだん見たことのない母親の顔に、子どもは爆笑していました。

ももたろう

あるひ、おばあさんが
かわでせんたくをしていると、
おおきな『もも』がながれてきました。

# 年齢別
# アイデア

## Chapter 2

# 0歳のアイデア

0歳発想法

# とにかく負荷を減らす

**ツールを活用し、「親のダメージ」を抑える**

0歳児のお世話は本当に大変です。特に1人目だと慣れていないし、母親は出産直後で体力もありません。とにかく親がダウンしないことが大事。当時は、「子育ては大変で当たり前」という固定観念を捨て、「どうしたら負荷を減らせるか」ばかり考えていました。

POINT

## 防御力をアップしたり客観的になれるツールを探そう

たとえば、赤ちゃんが夜泣きしたとき。大音量の泣き声は、聞き続けると精神的に結構なダメージを受けます。泣き声の負荷を減らすために効果的なのは、ノイズキャンセリングのイヤホンです。夜中に泣き続ける赤ちゃんを抱っこするときにノイキャンのイヤホンを使うと、ちょっと冷静な気持ちになれます。さらに音楽を聴いたり、ドラマを観たり、別の音を入れることで気を紛らわせるのも効果的です。

また、大変な状況を客観視することで、0歳育児の大変さを少しだけでもやわらげる方法も。本章で紹介する「泣き声デシベル」は、赤ちゃんの泣き声の音量を測って数値化するというものです。「こんな爆音なら、そりゃ親のダメージも大きいよな……」と知ることで、少し気がほぐれたりします。

本章では我が家が実行したアイデアの一部をご紹介しますが、ほかにも効果的なツールはいろいろあるはず。困りごとを発見したら、それを解決できるツールを探してみると、意外といい方法があるかもしれません。

オギャー!!

9

オギャー!

課題

# 泣き声デシベル

## 赤ちゃんの泣き声が大きすぎて生理的に苛立ってしまう…

次男は生後半年くらいまで15分おきに泣くことが多かったです。すごいボリュームで泣き続けるので、冷静でいたいのに苛立ってしまうことも。そんな感情に飲まれそうな自分が嫌でした。

オギャー!!

IDEA

## スマホで泣き声の音量を計測。大変さを数値化して気晴らしに

案:佐藤蕗

オギャー!!

子育ては思い通りにならないことの連続です。そのたびにネガティブな感情を抱いていたら、自分自身がつらくなってしまいます。なるべくポジティブに捉えたいと思っていて、次男が生まれた頃に何度かやったのがこれでした。抱っこしても泣き止まないとき、泣き声をアプリで計測するというものです。「いまの泣き声は60デシベルだった」「45デシベルだったから、意外と小さかった」など、数値化することで冷静になれます。すると、大泣きしても「新記録か!?」と楽しめる視点が生まれ、少しは気晴らしになりました（大変なのは変わらないですが……）。

なお、我が家の次男の泣き声の最高記録は85デシベル。これは地下鉄の車内の音と同程度なので、相当な大音量。「そんなとんでもない音の中で生活するなんて、自分頑張ってる!」と思えたのもよかったです。

10

# 0歳ボドゲ

課題

**次男が突然泣き出すので、長男とゆっくりボドゲができない**

長男が6歳の頃、親子でボードゲームをして遊ぶことが増えました。ただ、次男が生まれてからは、ゲーム中に次男がすぐ泣き出すため、なかなか楽しむことができませんでした。

IDEA

## 赤ちゃんの15秒後を予測! 0歳児がいないいないと遊べないいないボドゲ

作:佐藤ねじ

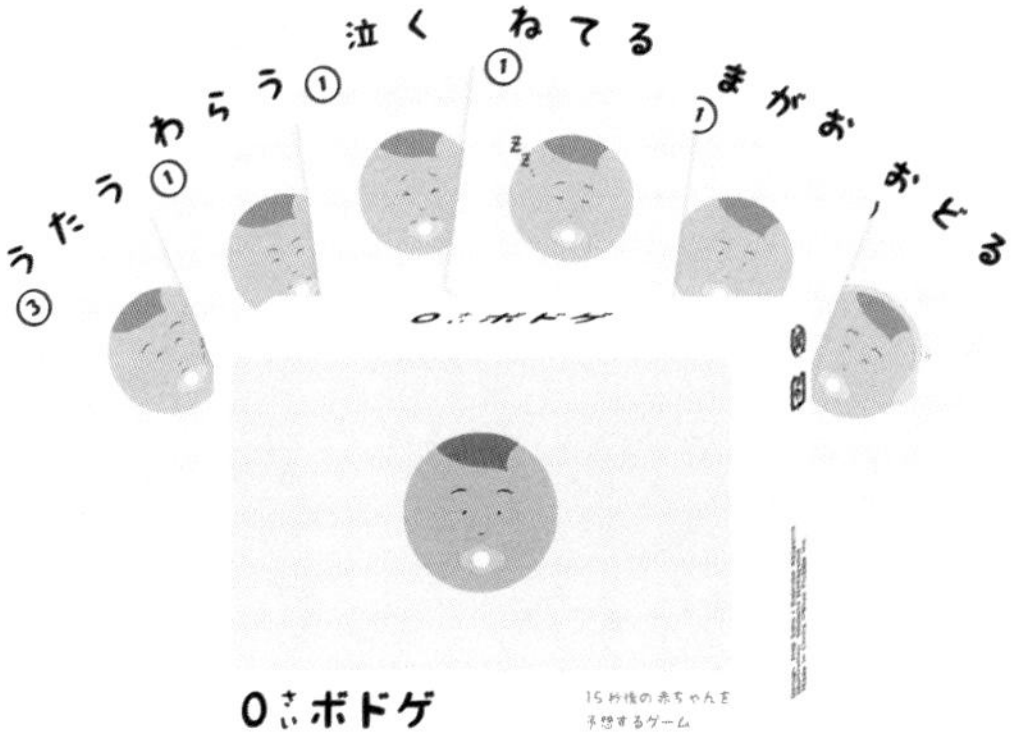


イラスト：中山信一

赤ちゃんが泣くかどうかハラハラする。この状況を活かして、逆に0歳児がいないと遊べないゲームを作ったらどうか。そこで考えたのが「0歳ボドゲ」です。

カードは全部で33枚。プレイヤーは、山札からカードを5枚引いて目の前に並べます。「ねてる」「わらう」「泣く」などの手札から、15秒後の赤ちゃんの様子を予想してカードを1枚選ぶというゲームです。アクションカードを引く運と、赤ちゃんの状況を予想するセンス。この2つが試されます。我が家の場合は、カードは手作りしました。

ふつう、寝かしつけ直後に赤ちゃんに泣かれると「困るなぁ……」と思うところですが、「泣く」というカードを出していた場合は、ゲームには勝つため、「赤ちゃんが泣いたけど嬉しい」という不思議な状況が生まれることに。

根本的な解決にはなっていませんが、家族の困りごとをエンタメに変換できた気がします。その後、このゲームは商品化して販売し、SNSでも話題になりました。

## 11

# 夜更かしNetflix

**課題**

**3時間おきに泣く赤ちゃんのミルクタイム。寝不足と夜の時間をどうするか？**

生まれて数か月は、赤ちゃんは3時間に1回くらい起きるので、親は夜もまとまった睡眠がとれません。起きるたびにミルクや母乳をあげて抱っこ。寝るまであやし続ける必要がありました。長男のときは余裕がありませんでしたが、次男のときにどうにかならないか考えました。

**IDEA**

## 毎晩3時すぎまでNetflixを観る夜更かしの合間に、ミルク&抱っこ

案：佐藤ねじ

我が家の場合、僕は育休が取れずに日中は仕事でしたが、幸いなことに働く時間は調整できました。そこで、奥さんにまとまった睡眠をとってもらうため、21時以降は僕が次男をあやし、朝3〜4時頃に奥さんとバトンタッチ。僕は毎日3〜4時頃に寝て、10時すぎに起きることで、うまくいけば2人とも7時間睡眠を確保できるルールを作りました。

暗いリビングで次男の様子を見ているときに大活躍したのが、「夜更かしNetflix」です。海外のドラマシリーズにハマることで、「『ハウス・オブ・カード』が観たいから起きてるんだ!」と思い込み、モチベーションを保ちました。長編でシーズン5くらいあるドラマが夜当番にはおすすめ。また、赤ちゃんの泣き声による精神的なダメージが大きかったので、ノイズキャンセリングイヤホンでドラマの音声を聞いて負担を軽減させました。

# 12 顔シール

課題

**初めての育児。お世話をする以外の時間、赤ちゃんと何をして過ごせばいいかわからない**

生後7か月頃の長男は、うつ伏せになったときに床にあるものに興味を示していました。手もだんだん動かせるようになってきたので、ジョイントマットの凹凸など、うつ伏せで目に入るものを指でカリカリと触って遊ぶようになりました。

IDEA

**床に「人の顔」をテープで貼り付けるだけで、子どもが熱中するおもちゃに！**

作：佐藤蕗

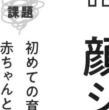

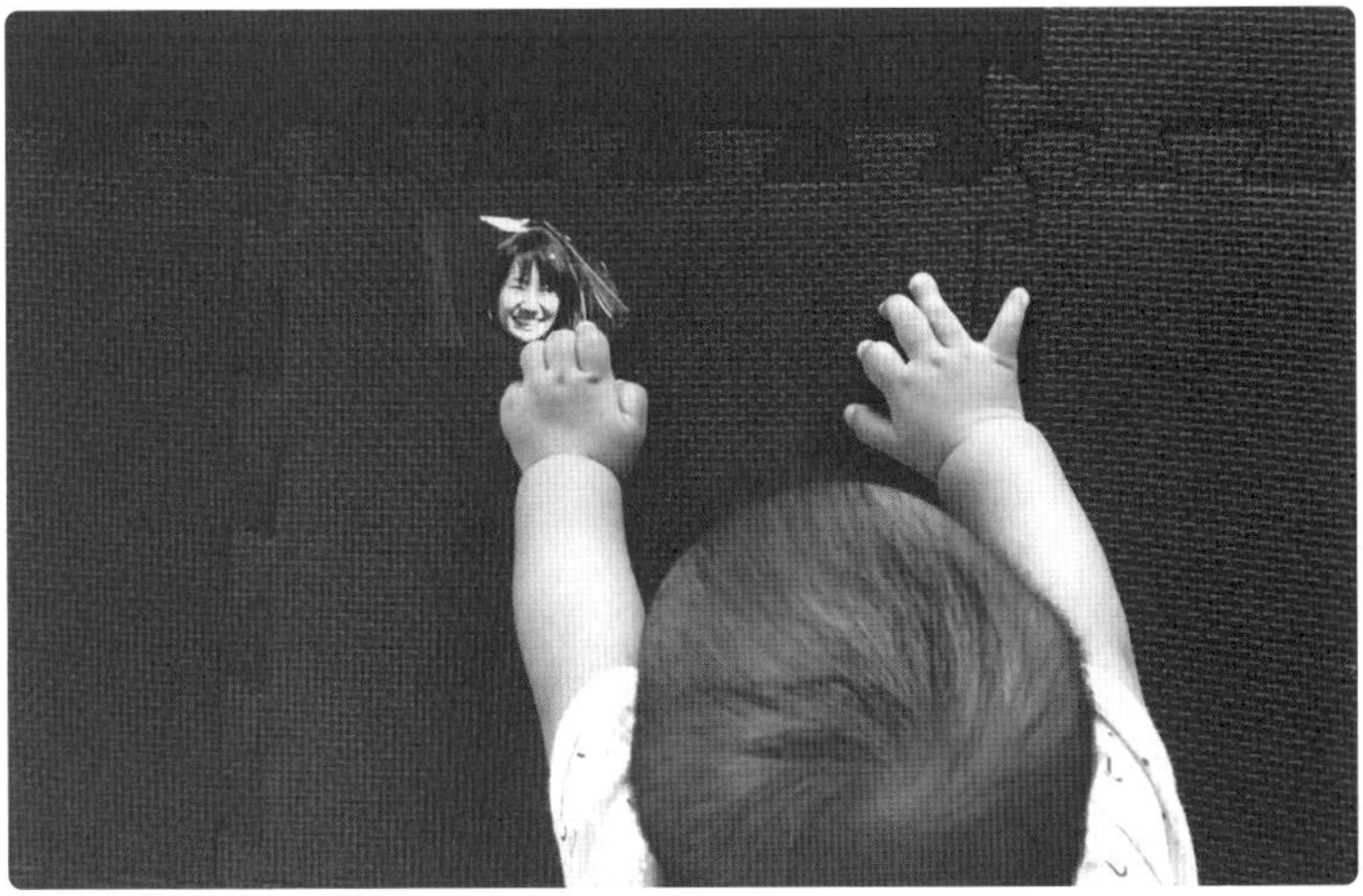

せっかくならもっと楽しんで遊んでもらえる方法はないかと考えて、思いついたのが「顔シール」でした。いろいろと調べてみると赤ちゃんは「人の顔」を認識して好む傾向があるのだとか。それなら、「人の顔」のシールを床に貼ったら、喜んではがすのでは？　と思ったのです。

そこで、チラシに載っている人の顔をハサミで切り抜いて、セロハンテープで床に貼り付けると、案の定、長男は大喜び！　夢中になって、床に貼った「顔シール」をはがして遊ぶようになりました。シールをはがしている間の長男はおとなしかったので、初めての育児で緊張感が続く中、お茶を飲んで一息入れる時間がとれたのもよかったです。チラシや雑誌、ハサミとセロハンテープがあれば、誰でも簡単に作れます。はがしたテープやチラシを赤ちゃんが口に入れてしまわないようにだけ、注意してください。

# 13 こどもポスト

**課題**

**家具の隙間にいろんなものを詰め込んでしまう0歳**

長男がつかまり立ちを始めた頃、いろんなカードを家具のわずかな隙間に差し込むというのを何度もやっていました。特にテレビのB-CASカードは、どこにいったかわからなくて困ることがよくありました。

**IDEA**

## カードやモノを詰め込みやすい「こども向けポスト」を作る

作：佐藤蕗

子どもには、本人が楽しんでいることは、できるだけやらせてあげたいと思っています。それがカードを家具の隙間に入れる遊びでも、「楽しいならどうぞ！」という気持ちでした。でも、そのせいで必要なカードがなくなるのは困ります。

それなら、息子が好き放題やっても、問題ない環境をつくればいい。ということでまず、子どもの手が届く場所に、ポストの投函口を作りました。すると、作戦が功を奏して、カードをここに入れるようになったのです。それ以外にも入りそうなものは次々にポストに入れていました。

長男にとってこのポストは相当インパクトがあったようで、数年後「あのポスト、本当に楽しかった！」と言っていました。次男も喜んで遊んでいました。モノを詰め込まれて困っているご家庭は、ぜひお試しください！

# 14 エコー画

## エコー写真から描く「生まれる前の似顔絵」

作：佐藤ねじ

赤ちゃんが生まれてくるまでの10か月間、両親はエコー写真（超音波写真）を通じて、お腹の中にいる我が子の様子を知ることができます。でも、待望の我が子の成長の様子を愛でるのに、白黒のエコー写真だけでは少し物足りない……。

そう考えて、次男がまだお腹の中にいるときに作ったのが、エコー写真の情報をイラストレーターに絵にしてもらうサービス「エコー画」でした。

赤ちゃんの身体の向きから手足や表情を想像して描いた「生まれる前の似顔絵」は、数字や日付もイラスト化することで、より赤ちゃんの姿がイメージできるものに。エコー写真と同じサイズのイラストにすることで、母子手帳に挟んで保存しておくこともできます。

イラスト：あけたらしろめ

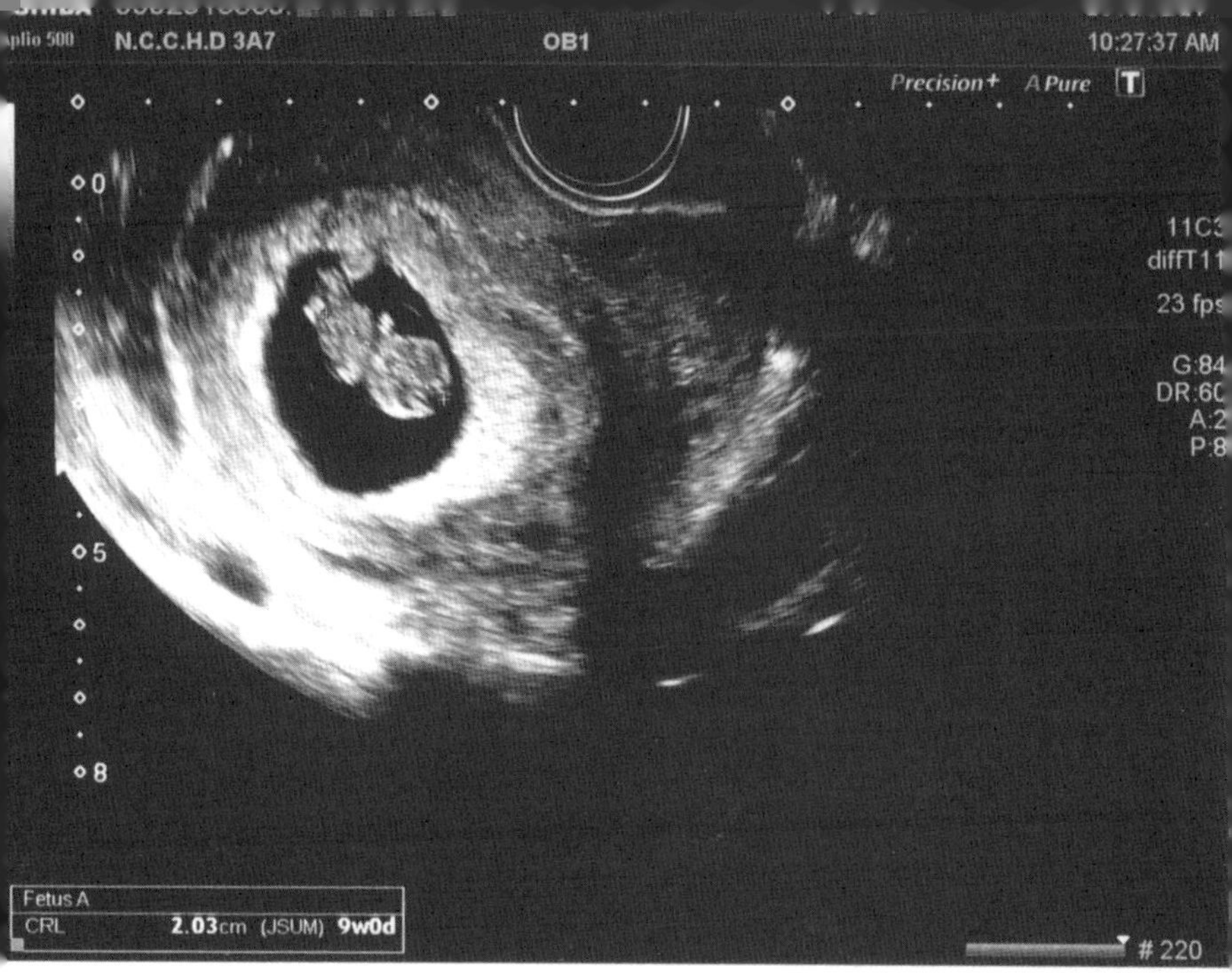
N.C.C.H.D 3A7
OB1
10:27:37 AM
Precision+ A Pure
23 fps
Fetus A
CRL 2.03cm (JSUM) 9w0d
# 220

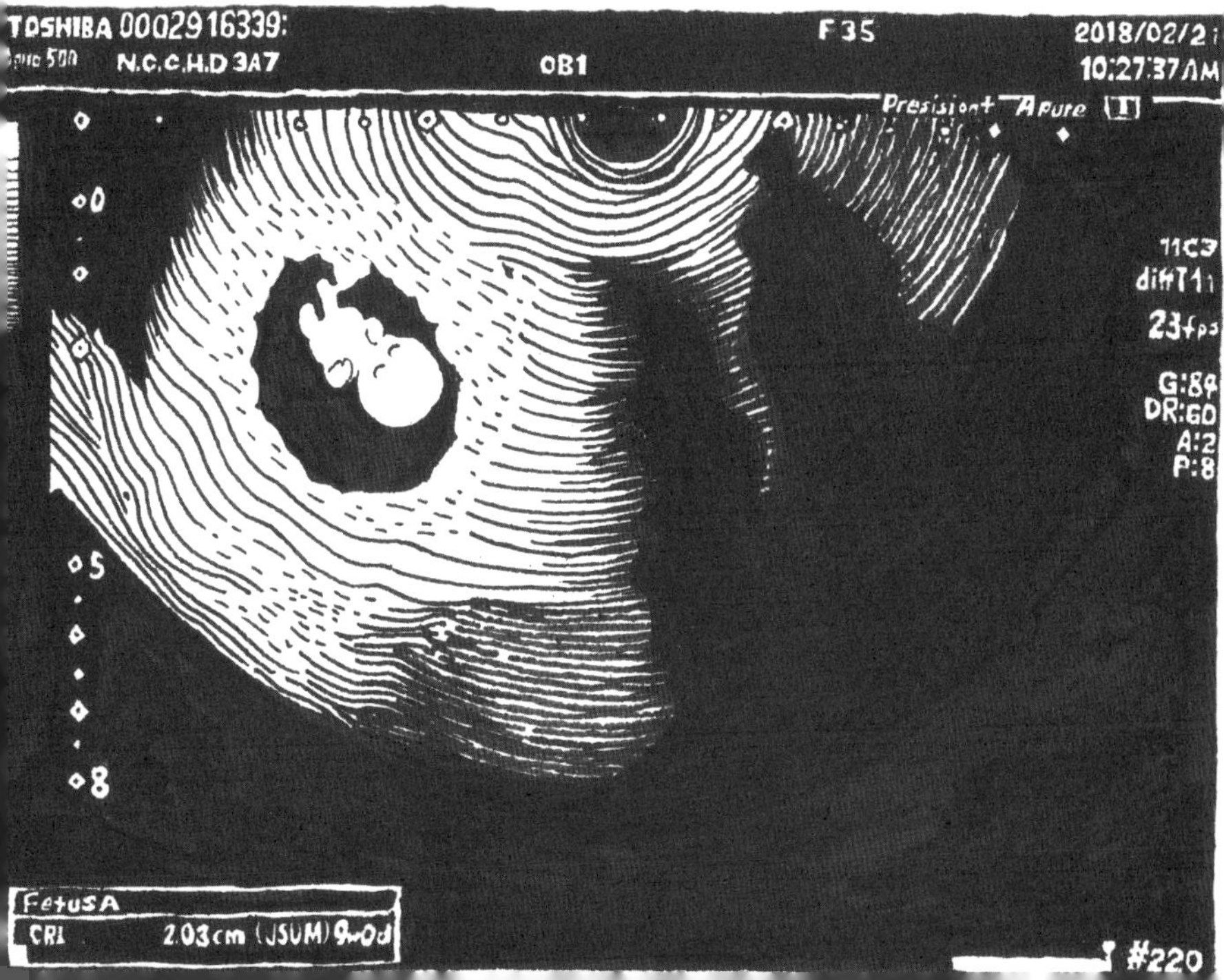
TOSHIBA 0002916339:
F35
N.C.C.H.D 3A7
OB1
10:27:37AM
Presision+ APure
23fps
G:84
DR:60
A:2
P:8
FetusA
CRL 2.03cm (JSUM) 9w0d
#220

# 特に役立った0歳のアイデア

0歳児のお世話は本当に大変。とにかく親がダウンしないよう、
うまく負荷を減らせるアイデアを活用していました。

## 夜更かしNetflix

3時間おきに泣く赤ちゃんどうする？深夜までNetflixを見る夜更かしの合間にミルク＆抱っこしている気持ちで負荷を減らした。

## 泣き声デシベル

スマホで泣き声の音量を計測。赤ちゃんの泣き声の大変さを数値化して気晴らしに。

## 0歳ボドゲ

赤ちゃんが泣いてボドゲができないので、逆に0歳児がいないと遊べないボドゲを作成。

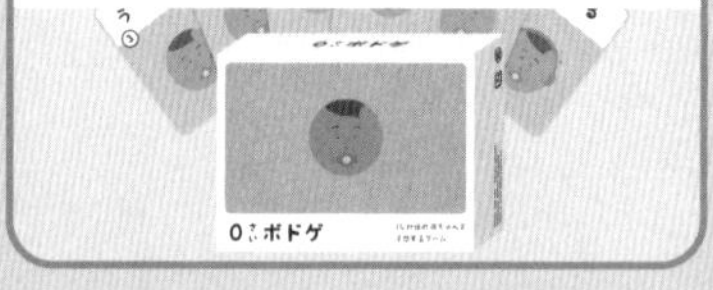


## こどもポスト

家具の隙間にものを詰め込んでしまうので、逆にカードを詰め込める専用ポストを作成。

## 顔シール

床に「人の顔」を貼るだけで、赤ちゃんは大熱中してくれた。

## エコー画

エコー写真から描く「生まれる前の似顔絵」を作成。胎児の様子を想像できた。

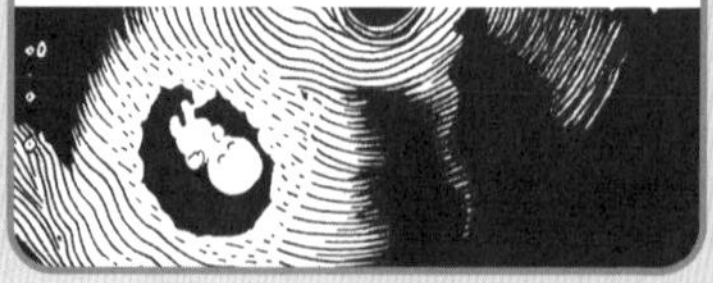

Chapter 3

# 1〜2歳のアイデア

1～2歳発想法

# 効果音を加える

## 1～2歳からが子育てブレストの本領発揮！

0歳は「親の気力と体力を保つため、子育ての負荷を減らすアイデア」がメインでした。1～2歳はだんだん親の言っていることがわかってくるので、アイデアによる課題解決がしやすくなってきます。いよいよ子育てブレストの本領発揮です！

POINT

**効果音を加えるだけで、ただの遊びを拡張でき、遊園地やゲームのようにできる**

1～2歳の子育てを楽しくする上で役に立ったのが、「効果音」の存在です。

子どもの脳内は柔軟なので、効果音を加えるだけで、楽しい妄想をつくりだすことができます。食事、お風呂、ベビーカー、公園、電車や車、ワガママを言うとき。あらゆるシーンで、効果音が役に立ちました。効果音の取り入れ方は簡単で、「育児シーン」に「効果音」を組み合わせるだけ。

たとえば、「すべり台×効果音」なら「ゴォオオオ」とジェット音を加えると、ジェットコースター気分で遊べる。「ご飯を食べてくれない×効果音」なら「ヒュ――ン」と飛行機の音に合わせてスプーンを動かせば、ご飯が子どものお口に到着。「車でぐずる×効果音」なら、体やおもちゃなどに妄想スイッチを設置し、そこを押すと面白い音が鳴り、気晴らしに。こうした効果音のアイデアは本章でもいくつかご紹介します。

15

# サウンド遊園地

課題

**いつもと同じ公園遊びやおもちゃ遊びに、親の方が飽きてしまう**

子どもと公園で遊ぶとき、いつも同じ遊具や遊びばかりだと、親の方が「また同じかぁ」とマンネリ感を抱いてしまいます。僕は飽き性なので、少し気分を変えたくなってしまいます。

IDEA

## 「ゴォオオオ」と口で鳴らせばすべり台がジェットコースターに

案:佐藤ねじ

そこでおすすめなのが、効果音を加えること。たとえば、すべり台で「ゴォオオオ！」という音をつけるとジェットコースター気分に、「チャリンチャリン♪」と鳴らせばゲームでコインをゲットしている気分を作れます。ただ単に、口で適当に音を加えるだけで、公園が遊園地になったり、魔法の国になったり、ゲームの世界になったりするのです。また「身体スイッチ」という技もあります。自分の身体の一部に空想のスイッチを作って、タッチして「ピンポーン」「ブブーッ」と音を鳴らす遊びです。

さらに、効果音は「やってほしくないこと」を回避させるのにも役立ちます。たとえば、道路側を歩かないでほしいとき。道路と反対側に音の出るスイッチを空想で設置し、「音を鳴らしたらクリア！」というゲームを始めてみましょう。うちの子はこれで車道側を歩かなくなりました。効果音で子どもを笑わせるコツは落差です。マンホールを踏んだら、金属的で硬質な音が出そうですが、あえて真逆に「ニャー！」という猫の声を効果音にしてみる。そういうギャップに、子どもは爆笑します。

# 16 1歳児ブートキャンプ

課題

**子どもが寝てくれず、元気に暴れ回る……**

当時1歳だった次男が、いつまで経っても寝てくれない日がありました。このあとやらなくちゃいけないこともあるし、「早く寝てくれ〜」と内心は悲鳴を上げたい気分でした。

IDEA

## 1歳児の動きを大人も真似る！超絶ハードなトレーニング遊び

案：佐藤ねじ

残念なことですが、「寝てくれない！」と親がイライラしたり、「早く寝なさい！」と怒ったりしても、子どもは寝てくれません。親は苛立ち、子どもは暴れる。そんな不毛な時間が流れます。そんな時には寝かしつけをあきらめて、史上最年少のトレーナーに稽古をつけてもらいましょう。子どもの動きを真似る「1歳児ブートキャンプ」です。

動き回る次男は、布団の上でジャンプしたり、立っている状態から突然床に伏せたり、またすぐ立ち上がったり、かなりの運動量です。大人がこの動きをやると相当ハードで、運動不足解消にぴったりです。

次男がジャンプすれば、みんなでジャンプ。ほふく前進すれば、みんなでほふく前進。こんなにも1歳児は激しい動きをしているんだと驚くはずです。そして大人が真似することで、『ビリーズブートキャンプ』のビリー隊長ばりに、大喜びで指揮をとってくれます。ただし、マンションの方は大きな音を立てないようご注意を…。

17

# 人間レール

課題

## 子どもは遊びたいけど、親は少しでも寝ていたい

子どもは遊びたいけれども、親は疲れていて少しでも寝転んでいたい……。そんなとき、なんとか親の負担を最小限にしながら、子どもを楽しく遊ばせる方法はないかを考えました。

IDEA

## ごろ寝する親の背中を「線路」に。子どもは遊べて、親は休めてハッピー

案：佐藤蕗

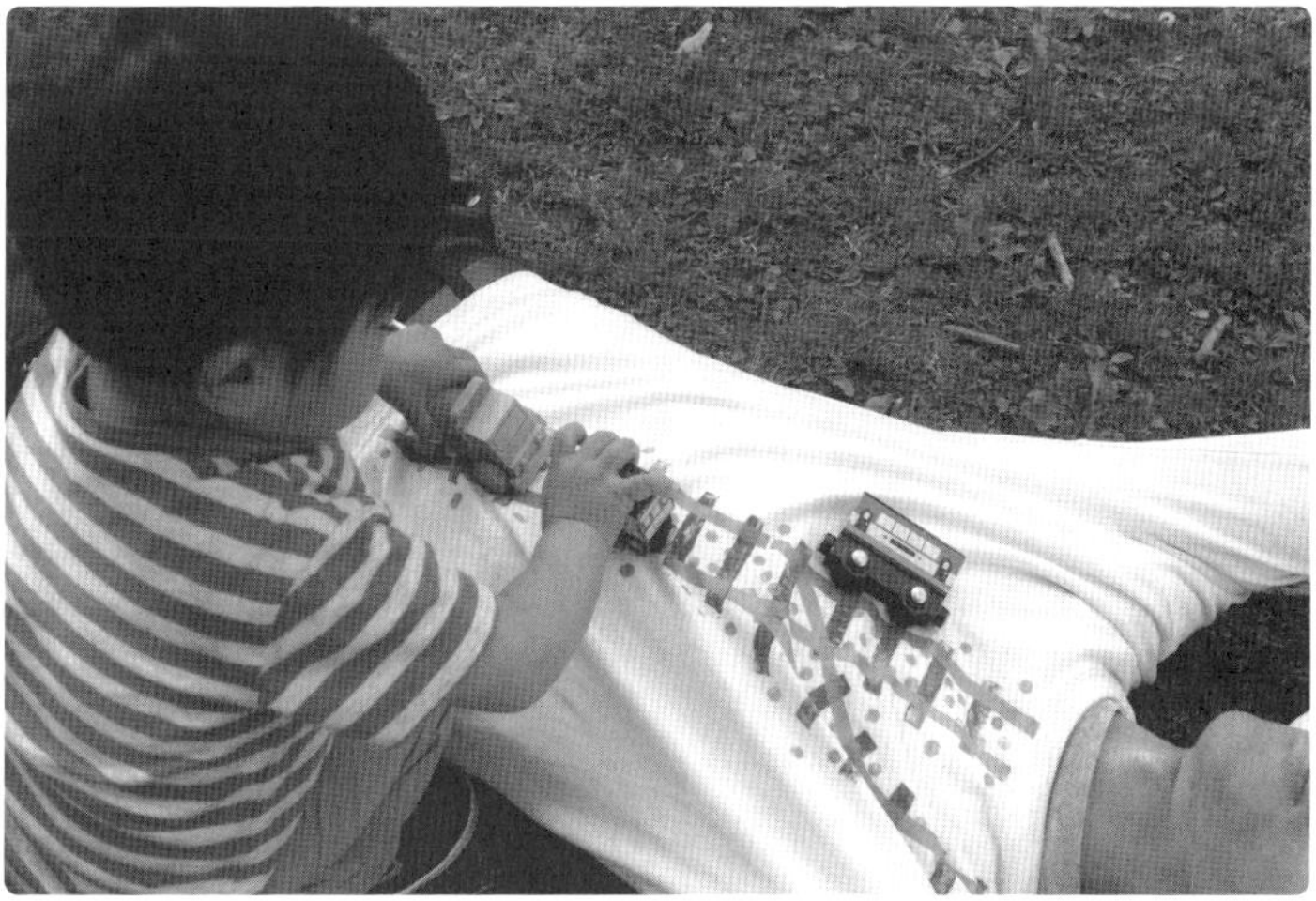

子どもと一緒に遊んであげたい反面、疲れもとりたい。そんな願いを叶えるために生まれたのが「人間プラレール」です。当時、長男はプラレールなど電車のおもちゃにハマっていました。そこで、線路を背中に描いたTシャツを着て、息子の前に寝て「背中に電車を走らせてみて～」と声をかけてみました。親の背中が線路に変身して、長男は大爆笑。親は寝っ転がっているだけで、子どもが自発的に遊んでくれるので、一応休めます。

作り方は簡単。Tシャツにアイロンプリントシートを貼って線路に見立てたり、いらなくなったTシャツに油性ペンで線路や道路のような線を書き込んだりするだけで、勝手に子どもが脳内補完して、プラレールの線路として遊んでくれます。ほかにも道路にしたり、車のおもちゃを走らせたりする方法もあります。こんな風に、「いかに休むか」から発想するのもおすすめです。

18

# 絵本の出張

**課題**

**子どもが大好きな絵本で読み聞かせをもっと楽しみたい**

長男が小さい頃、お気に入りの絵本は何度も読み聞かせをせがまれました。繰り返し読むのもいいけれど、大好きな物語の世界をより楽しむ方法を考えました。

IDEA

## 子どもの写真を大好きな絵本に出張させる

案：佐藤蕗

『バムとケロのおかいもの』（島田ゆか 作・絵 文溪堂）

息子には大好きな絵本の世界を存分に楽しませてあげたい。そこで試してみたのが、息子の写真を絵本に出張させるという遊びです。やり方は簡単で、子どもの写真をコピーして厚紙に貼ったものを、切り抜くだけ。

長男は1歳の頃、『バムとケロ』シリーズが大好きで、この絵本に登場させると、大喜びしていました！　大好きなキャラクターの世界に入れたことで、想像力が刺激されたのか、長男が自発的にストーリーを考えることも。回を重ねるたびに、話がどんどん違う形で展開するのも、面白かったです。

いつもの絵本に自分が出張することで、大好きな絵本の世界に入れた反応も楽しめるし、子どもの想像力がどんどん広がる様子を見られたのもよかったです。

# 19 ご飯を食べてもらう方法

**課題**

**イヤイヤ期の子どもが、ご飯を食べたがらない！**

イヤイヤ期になってくると、ご飯を全然食べてくれないことも日常茶飯事。怒っても言うことは聞かないし、せっかく子ども用に料理を作っているのに……、悲しいです。

IDEA

## ゴール設定を「食べる」から「口を開けて料理を入れる」に変える

案：佐藤ねじ

ご飯を食べない子は、「食べたくない」のではなく、「食べなさい」と言われると「嫌だ」と反発してしまうだけの場合もあります。そこで「食べさせる」のではなく、「口を開け、食べ物を中に入れる」ことをゴールに切り替えてみました。

この発想は効果抜群。たとえば、料理をのせたスプーンを飛行機に見立てて、「ヤバイ！　早く口を開けてくれないと墜落する～！」と言うと、イヤイヤしていた子が、慌ててパカッと口を開けました(笑)。ほかにも、フォークを冒険者に見立てて、「勇者が口の中に入りたがっているけど、口が開かないなぁ。合言葉を言ったら開くかな？ よーし、開けゴマ！」とゲームっぽいストーリーを展開すると、「グフフ」と笑って口を開けてくれるように。

そのほか、親が手につけたパペットにスプーンを持たせて、人形から口を開けてとお願いして食べさせるのも効果的。親以外のキャラクターが言うと、なぜか言うことを聞いてくれることもあります。

# 20 おうちホビーオフ

課題

**遊ぶのはいつも同じおもちゃ。忘れ去られたものも多い**

お子さんがいる家庭なら一度は「おもちゃの整理問題」に頭を悩ませると思います。こまごましたものが多いので、我が家では次男のおもちゃを無印良品のケースにガサッと無秩序に入れていました。でも、これだと雑然とするし、ケースの底の方にあるおもちゃが埋もれてしまい、持っていることを忘れてしまうモノも増えていきました。

IDEA

## 家のおもちゃを、ホビーオフっぽく陳列すると、なぜか魅力的になる

案：佐藤ねじ

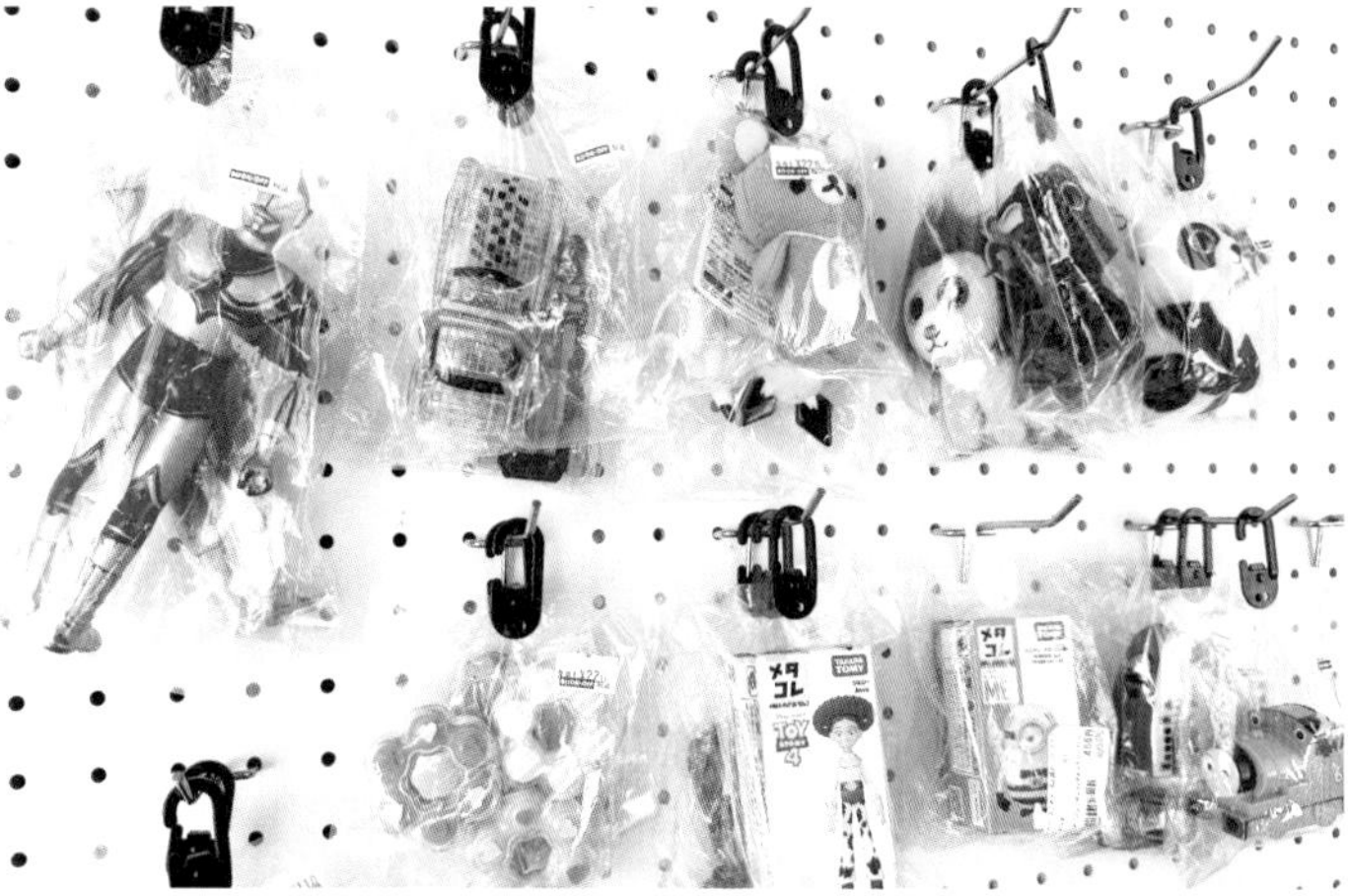

家にある、バラバラのパーツになったおもちゃは散らかって見えるけど、おもちゃ屋さんのホビーオフで売られているとワクワクする。同じおもちゃでも見せ方ひとつで魅力が変わるのは、パッケージデザインの力です。そこで、家の一部をホビーオフの陳列棚っぽくすれば、古いおもちゃの魅力も復活するのではないかと考えました。

やり方は簡単。ホビーオフでおもちゃを買った際に袋を取っておいて、その袋に家にあるおもちゃを入れてフックにかけて並べます。すると、おもちゃがなぜか魅力的に見えるのです。ゴミになってしまう袋にこんな使い道があったのかと驚きです。

次男は熱狂し、僕もちょっと欲しくなるくらい。ちなみに、すぐに手に取らせるのではなく、あえておもちゃ屋さんにいるかのように「今日はこの中から1個だけ選んでいいよ」と制限をつけても、盛り上がります。

21

# 「絵本の読み聞かせ」を録音

課題

**何度も同じ絵本を読むのは、ちょっとしんどい……**

絵本の読み聞かせを寝る前の習慣にしている家も多いと思います。ただ、毎晩の読み聞かせは親には地味に負担です。さらに、子どもは気に入ると同じものを繰り返す習性があります。当時2歳の長男が嬉々として毎晩「文字量の多い本」を持ってくるのが恐怖でした……。

IDEA

**スマホで「読み聞かせの声」を録音しそれを再生すれば、声を出さなくて済む**

案：佐藤ねじ

絵本の読み聞かせの声は、僕の喉からではなく、スマホから発声しても成立するのではないかと仮説を立てました。スマホで録音した「読み聞かせ音」を再生し、親は絵本をめくるだけ。長男も好きな本を読んでもらえて喜ぶし、親側の負担も減らせます。しかも、この方法には2つの大きなメリットがあります。

ひとつ目は、人を召喚できること。事前に録音することで、帰りの遅い父ちゃんや遠くに住む祖父母が絵本を読んでくれます。人によって読み方が全然違うので、その差も楽しめます。ママ友に音声データをもらったら、家ごとに読み方が違って面白かったです。

2つ目は、大切な記録になること。絵本の読み聞かせ音を残している家は少ないと思いますが、子どもの笑い声なども入っていたりして、すごく貴重な音声コンテンツになります。ぜひ記録としても残してみてください。

## 22

# 太もも拍手

**撮影しながら拍手をするには、太ももを叩けばいい！**

案：佐藤ねじ

次男の誕生日に家族でケーキを囲む様子を撮影しました。僕が撮影係で奥さんがケーキを運ぶ係だったので、2人とも拍手ができず、動画は盛り上がりに欠けました。

そこで編み出したのが「太もも拍手」。カメラを片手で持ちながらも、自分の太ももを叩くと「パチパチ」と結構大きな音がします。これなら仮に親の片手がふさがっていても、テーブルを叩くより拍手っぽい音が出せるので、パーティー感が高まります。

ドン
ドン

Happy Birthday to you〜
パチパチパチ
パチパチ

# 23 子ども用トイレサイン

## 子ども専用のサインで、楽しくトイレトレーニング

作：佐藤藷

トイレトレーニング中の次男のために作ったのが、ダンボールと画用紙でできた子ども用のピクトサインです。ポイントは、子どもが見やすいように子どもの目線の高さに設置すること。自分専用という特別感が嬉しかったのか、以来、進んでトイレに行くようになりました。トイレだけでなく、「食堂」や「お風呂」などのサインも喜ばれそうです。

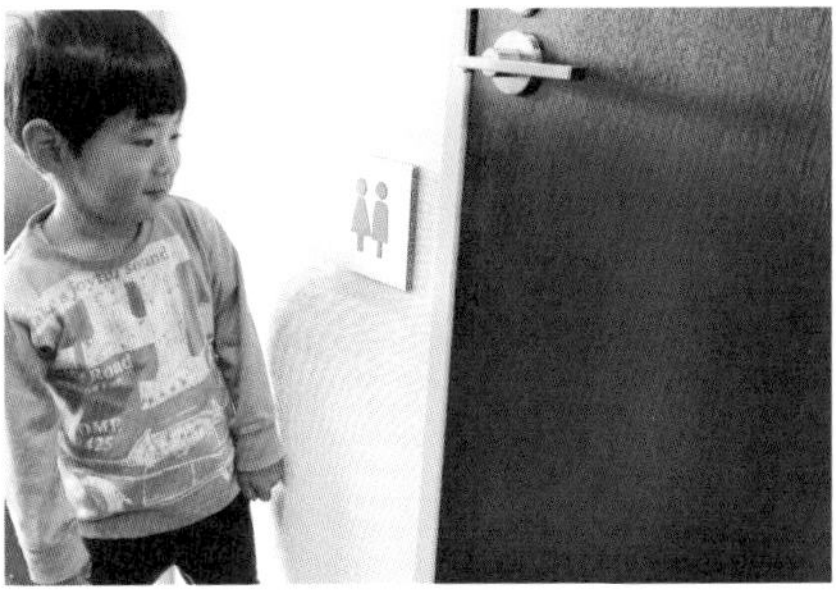

# 24 偉人漫画モビール

## 泣いている赤ちゃんが、偉人漫画の1コマのようになるモビール

作：佐藤ねじ

ギャン泣きが止まらない子を見て、ふとこんなナレーションが聞こえてきました。

「――今はまだミルクが欲しくて泣いてる赤子だが、いずれ世界を動かす大物になるなんて、この時はまだ知る由もなかった」

偉人漫画にありそうなモノローグ。もしこの子が「未来の偉人」ならば、このギャン泣きはとても貴重な場面かもしれない。そう思うと、ちょっとポジティブになれました。

そこで、この妄想をモビールに。といっても、本物を作るのは大変なので、合成でイメージ図だけ作成しツイート。なんと「18・8万いいね」の反響になりました。いつか商品化しても面白いかもしれませんね。

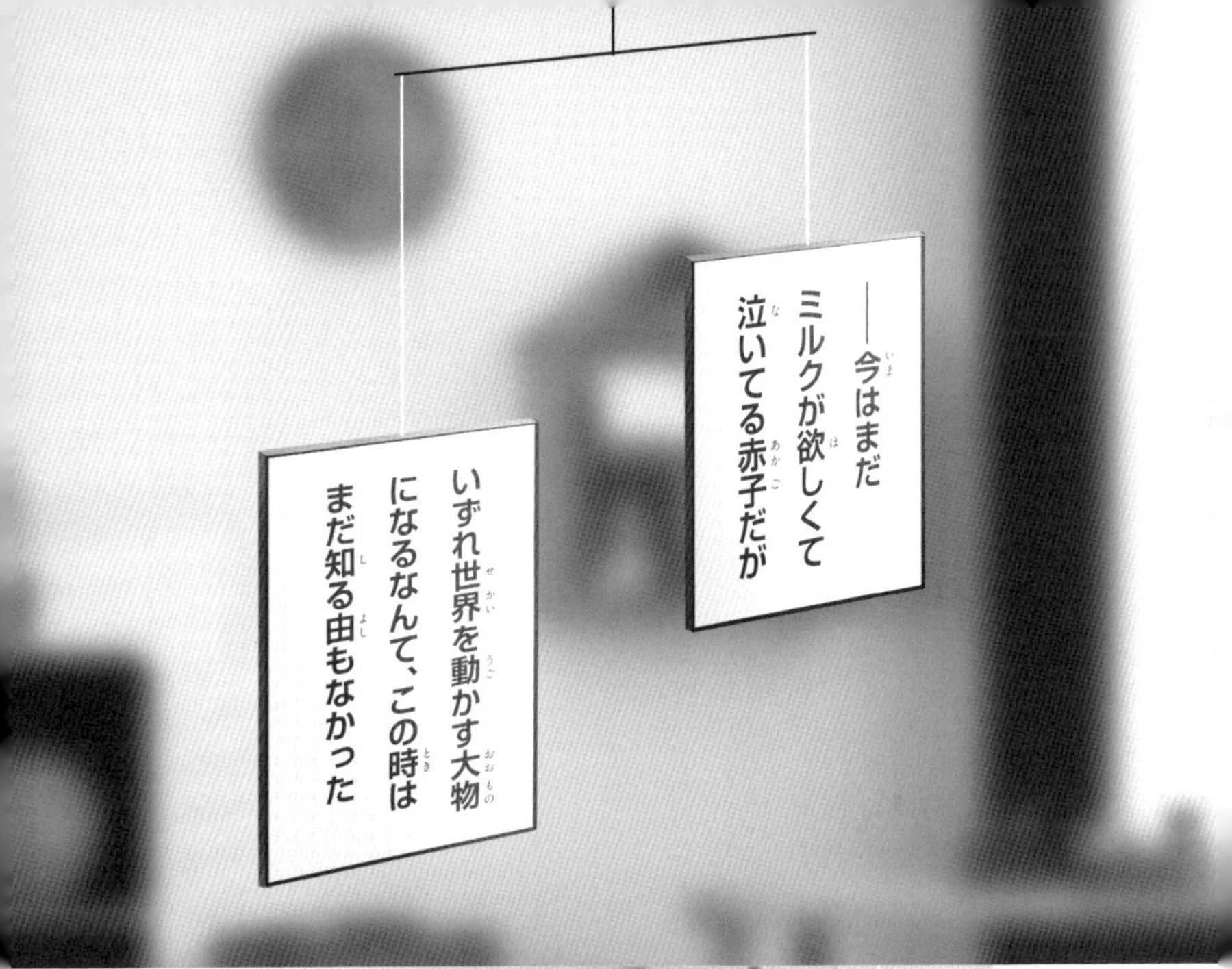
——今《いま》はまだ
ミルクが欲《ほ》しくて
泣《な》いてる赤子《あかご》だが
いずれ世界《せかい》を動《うご》かす大物《おおもの》
になるなんて、この時《とき》は
まだ知《し》る由《よし》もなかった

——今《いま》はまだ
ミルクが欲《ほ》しくて
泣《な》いてる赤子《あかご》だが
いずれ世界《せかい》を動《うご》かす大物《おおもの》
になるなんて、この時《とき》は
まだ知《し》る由《よし》もなかった

# 25 お風呂シール

## 佐藤家でずっと遊ばれてきた名作おもちゃ

作：佐藤蕗

電車、恐竜、ポケモン。好きな絵をお風呂に貼れるシールです。長男も次男も長い間遊び、Instagramでもたくさんの人が作ってくれた、人気のおもちゃです。

作り方は簡単で、クリアファイルに油性ペンで絵を描いて、上から透明テープかラミネートフィルムを貼れば完成。水にぬらせば表面張力でお風呂の壁にペタリと貼ることができます。

2歳頃の長男は電車が大好きで、「プラレールの動画を観ていたい！」とダダをこねてお風呂に入りたがりませんでした。「なら、お風呂で遊べる電車を作ればいいのかも？」と、電車のお風呂シールを作ったのが始まり。次第に長男は自分でシールを作れるようになって、小学校1～2年生頃までは、ポケモンの絵を描いてお風呂の壁に貼って楽しんでいました。

水に
ぬらして
貼るよ
おふろシール

# 26

# たぶん世界最年少のクリエイティブディレクター

## 1歳児の指示通りにWEB制作してみた

作：佐藤ねじ

当時1歳の長男にCD（クリエイティブディレクター）になってもらい、WEBサイトを制作しました。CDは広告業界でいえば、全体の制作物をディレクションする総監督の役割。そんな重要な立場を、1歳の長男に任せてみました。

1歳の描いたWEBページ（絵）に「どこにリンク貼りますか？」などと質問しながら制作。キーボードにリンクを貼れと指示したり、謎のコーディングを書いたりと、1歳児ならではのディレクションは独創的！　その制作プロセスの動画のかわいさも含めての作品です。これ以降、僕は年に1回、長男とコラボ作品を作っていくことになります。1歳なら1歳の、6歳なら6歳の、その時期にしかできない作品作りをしてきました。

父「どこにリンク貼りますか？」

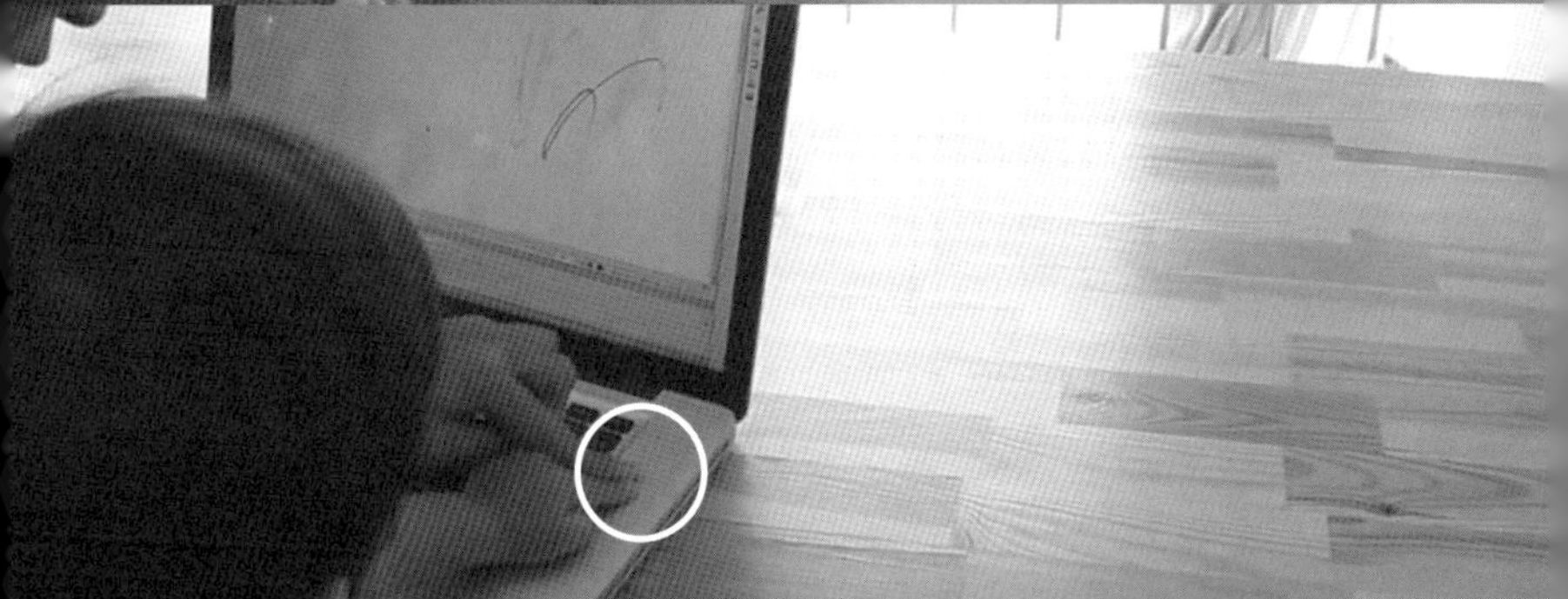
父「ここにはリンク貼れません」

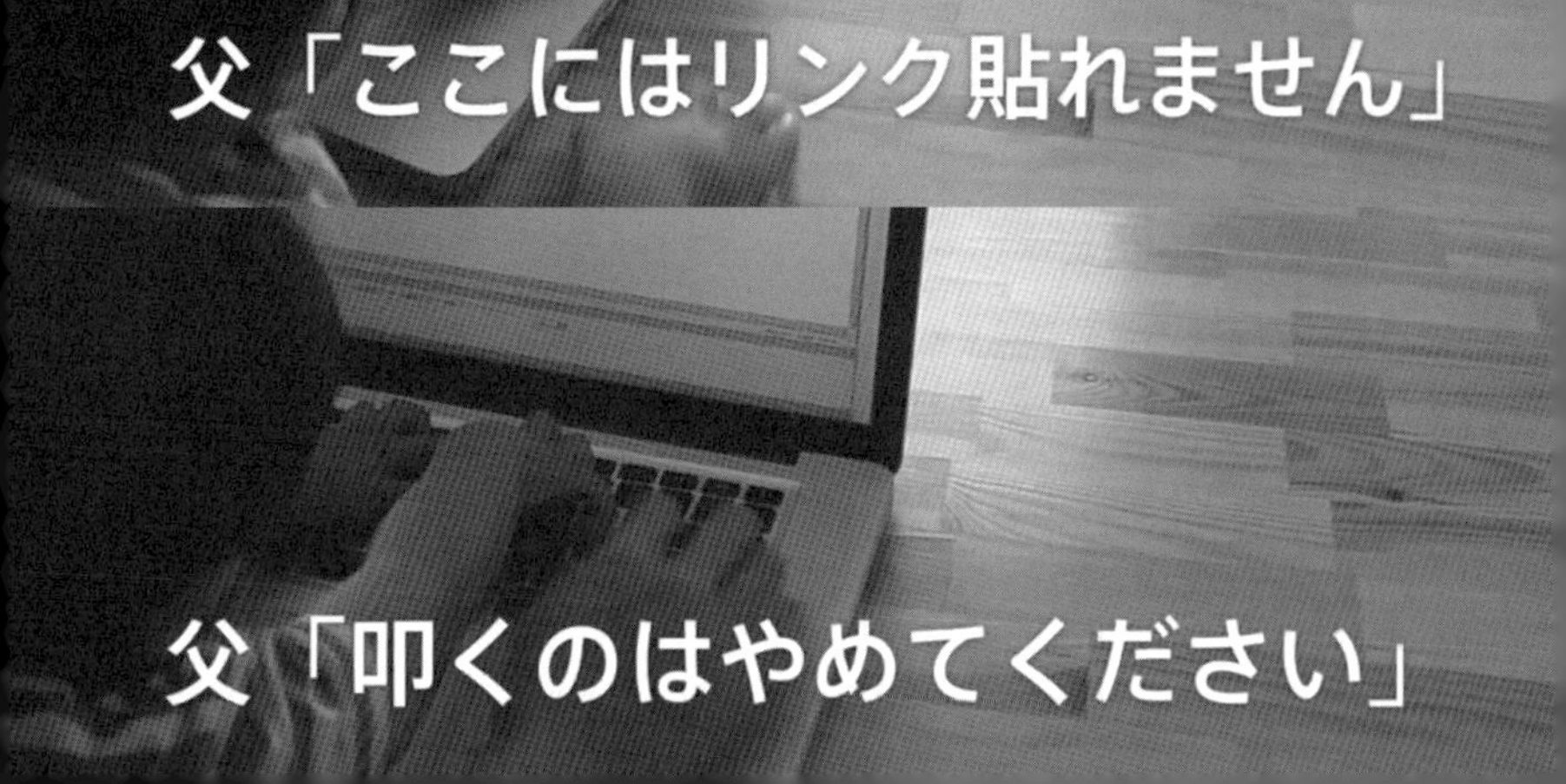
父「叩くのはやめてください」

27

# 2歳児が語る日本の社会問題

## 社会問題について、2歳児に聞いてみた

作：佐藤ねじ

2014年。TPPや原発、巨大地震、秘密保護法、不良債権など、日本が抱える問題は山積み。これらのキーワードはすべて、未来につながっています。僕ら大人の問題だけでなく、未来の大人（つまり現代の子どもたち）の抱える問題でもあります。しかし、そんな未来の当事者である2014年の2歳児は、いまはまだ「リンゴがいつ食べられるのか」「プラレールの新しい電車はいつ買ってもらえるか」について悩んでいます。そこで少し早いですが、現代の社会問題についてどう考えているのか、2歳児に聞いてみることにしました。

少子高齢化問題について尋ねると、「うまくいっちゃうやちゅですから、気を付けてください！」など、格段にボキャブラリーが増えた長男の不思議な回答は、解釈不可が半分、なんだか心に残る言葉が半分でした。

# 2歳児が語る
# 日本の社会問題

Social problem in Japan
2 year olds talk

2014

Tweet 34 いいね！ 122 Share

2歳児の答え

**南海トラフ対策**
**の答えは?**

2歳児の答え

**私たち大人は**
**未来のために何をすべき?**

# 特に役立った1〜2歳のアイデア

歩き始めてできることが増えてくる時期。
子どもの成長に合わせて、アイデアも多彩になっていきました。

## お風呂シール

クリアファイルに絵を描いて、お風呂に貼れる楽しいシール。佐藤家で長く遊ばれた。

## おうちホビーオフ

家のおもちゃを、ホビーオフっぽく陳列すると、なぜか魅力的に。古いおもちゃが復活。

## 1歳児ブートキャンプ

１歳児の動きを大人も真似て、超絶ハードなトレーニング遊びになった。

## 絵本の読み聞かせを録音

スマホで「読み聞かせの声」を録音し再生。何度も読むのがしんどいときに助かった。

## 人間プラレール

ごろ寝する親の背中を「線路」に。子どもは遊べて、親は休めてハッピー。

## ご飯を食べてもらう方法

ゴール設定を「食べさせる」から、「口を開けて料理を入れる」に変えると、喜んで食べてくれた。

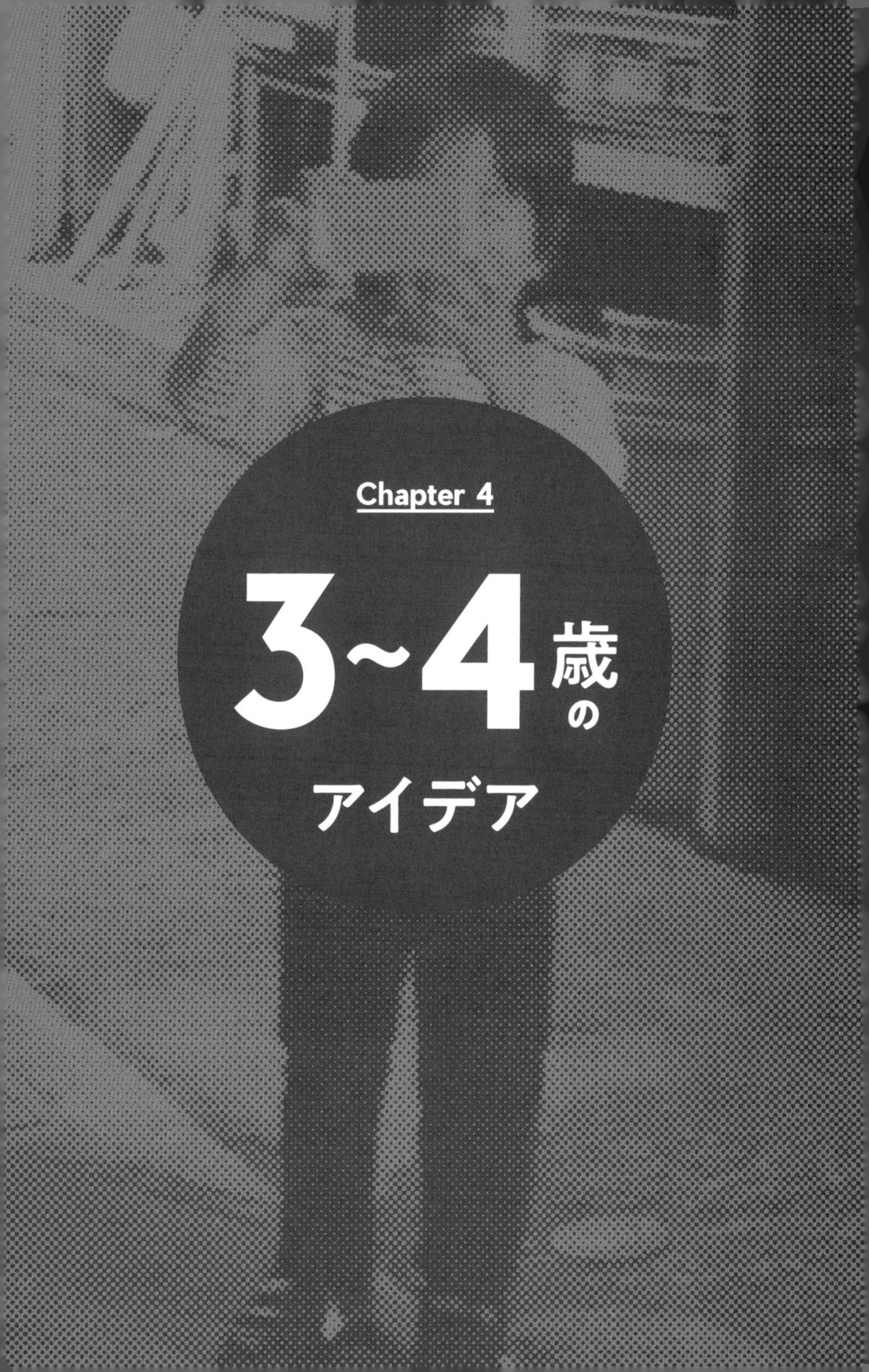

Chapter 4

# 3~4歳のアイデア

3〜4歳発想法 その1

# ゲーム化する

自分の主張もはっきりしてきて、動きも大胆になる3〜4歳児。イヤイヤ期がパワーアップする中、「保育園に行ってほしい」「ご飯を食べてほしい」「電車で静かにしてほしい」など、子どもに「してほしいこと」が増えていきます。

POINT

## 子どもに「してほしいこと」を楽しいゲームにして巻き込む

1～2歳はまだゲームができませんが、3～4歳になると軽いゲームはできるようになります。この時期の子育てに我が家で大活躍したのが、「してほしいこと」をゲーム化する発想法です。

やり方は「子どもにしてほしいこと」に合った形のゲームを考えて、組み合わせるだけ。たとえば、子どもに手洗いをしてほしいときは「手洗い×時間制限ゲーム」。ストップウォッチを用意して、「1分間ぴったりで手洗いをやめられた方が勝ち！」という勝負を親子でしてみます。玄関の外に出てもらうために、「運動会」をしたり、「へんしんＢＯＸ」を用意したり。

このようにゲーム化することで、さっきまで嫌がっていた子どもが言うことを聞いてくれるようになることも。本章で紹介する数々のアイデアは、そんな「してほしいこと×ゲーム」で生まれています。

3～4歳発想法　その2

# 反対を提案する

この時期の子どもは、とにかく親の提案に「ＮＯ！」と言いたくなるお年頃。でも、本当にその行為を「嫌だ」と思っているわけではなく、「イヤイヤ」と言いたいだけだったりもします。

POINT

**イヤイヤ期はなんでも否定するので「してほしいことの逆」を言えばいい**

ここでポイントなのが「反対の反対」はＹＥＳになるということ。つまり、「親がしてほしいことの反対のこと」を提案すると、それを子が「イヤだ！」と言うので、結果的にしてほしい行動をしてくれるのです。

たとえば、我が家で息子がオムツをはきたがらないなら、「じゃあ、これからオムツは父ちゃんがはきます！　絶対にオムツをはいちゃダメだからね」と言うと、「ダメー！　〇〇くんが、はくの！」と言って、慌ててオムツを身に着けたり。

トイレに行きたがらないなら、「いまから父ちゃんがトイレで朝から夜までおしっこするから、入らないでね！」と言うと、「うわー！　〇〇くんが入る！」と言って急いでトイレに駆け込んだり。この二重否定作戦には、あらゆる場面で助けられました。僕の必殺技だと思っています。

なお、ポイントは叱っている感じにならないよう、コミカルに言うことです。コミカルに伝えた方が、子どももゲーム感覚になって素直に言うことを聞いてくれる確率が上がります。

# 28 つまみぐいレストラン

課題

**イヤイヤ期で、ご飯を食べない息子。野菜などの好き嫌いも。どうすればいい？**

イヤイヤ期の時期、次男の好き嫌いが激しくなり、ご飯を食べなくなったことがありました。せっかく作ったご飯を食べてもらえないと悲しい……。

IDEA

**母ちゃんにバレずにどれだけ食べられるか？つまみぐい大作戦、決行！**

案：佐藤ねじ

僕は子どもの頃、家でケーキを作るときに、ボウルに入った作りかけの「泡立てた生クリーム」を舐めるのがすごく好きでした。完成したケーキよりつまみぐいの方がおいしいという感覚、伝わりますでしょうか……。そこから試してみたのが「つまみぐいレストラン」です。

最初に、奥さんが料理をするキッチンに次男と忍び込みます。奥さんには僕らの存在に気づいていないフリをしてもらって、配膳前の料理を次男と一緒につまみぐいします。「こっち見てないからバレてないよ」と。次男はスパイ映画のようにドキドキしながらも、大喜びでつまみぐいをします。食べられるだけ食べたら、寝室へ避難。間を空けたら、次の料理を探してまたキッチンへ忍び込みます。行儀は悪いものの、苦手な野菜も喜んで食べる姿はいいものです。

ご飯の時間になり、奥さんも「あれ？　なんか料理が減ってるな～」など小芝居しつつ、食卓へ。子どもは「つまみぐいが成功した」という達成感と、苦手なモノを「食べられた」という自信から、野菜をそのまま食べられるようになったことも。どうしても食べないときは、ゲーム感覚で食事をするのもいいかもしれません。

29

# 朝の運動会

課題

## 朝、子どもが保育園に行ってくれない……

イヤイヤ期に拍車がかかった次男が、朝、保育園に行きたがらない日が続きました。でも、親側は朝はやることも多いし、会社にも行かなきゃいけないので忙しい。子どもに「行きたくない！」とダダをこねられると、親の心もどんどん切羽詰まっていきます。

IDEA

## 運動会の曲を流し、お着替え競走に。急に玄関へダッシュし始める息子

案：佐藤ねじ

こんなときに効果的なのが「競技化」です。運動会の定番曲「天国と地獄」を流し、お着替え競走にするのです。不思議なもので、あの曲が流れると、ぐずっていた次男も運動会気分に火がつきます。さらに、実況で「さぁ、始まりました。佐藤選手、まだパジャマですが、あと5分で着替えられるのか……！」と煽りを入れると、次男も「うわー！」と慌てながら頑張ります。本当に運動会の曲は偉大です。

ある時期は、この方法で登園しぶりを攻略していました。ついには次男自身が保育園に行く前に「ＯＫグルグル（グーグル）、運動会の歌を流して」と言うように……。応用編として、パン食い競走みたいに玄関にパンをつるしたり、準備までのタイムを測って新記録が出たらお祝いするなどの案もあります。

30

# イヤイヤカレンダー

課題

## 子どもから、ハンパない理不尽な要求が続く

イヤイヤ期絶頂だった3歳頃の次男は、理不尽の塊でした。次第に「母ちゃんの髪の毛をオレの髪の毛に生やしたいから、抜く！」「昼ならもっと遊べるのに。夜は嫌いだから朝にして！」などのハンパないワガママを言うように。心に余裕があれば一緒に笑ってあげられるものの、忙しいときはイライラして心が折れそうになることもありました。

IDEA

## 今日一番のイヤイヤ発言をカレンダーに記録して、心を静める

案：佐藤蕗

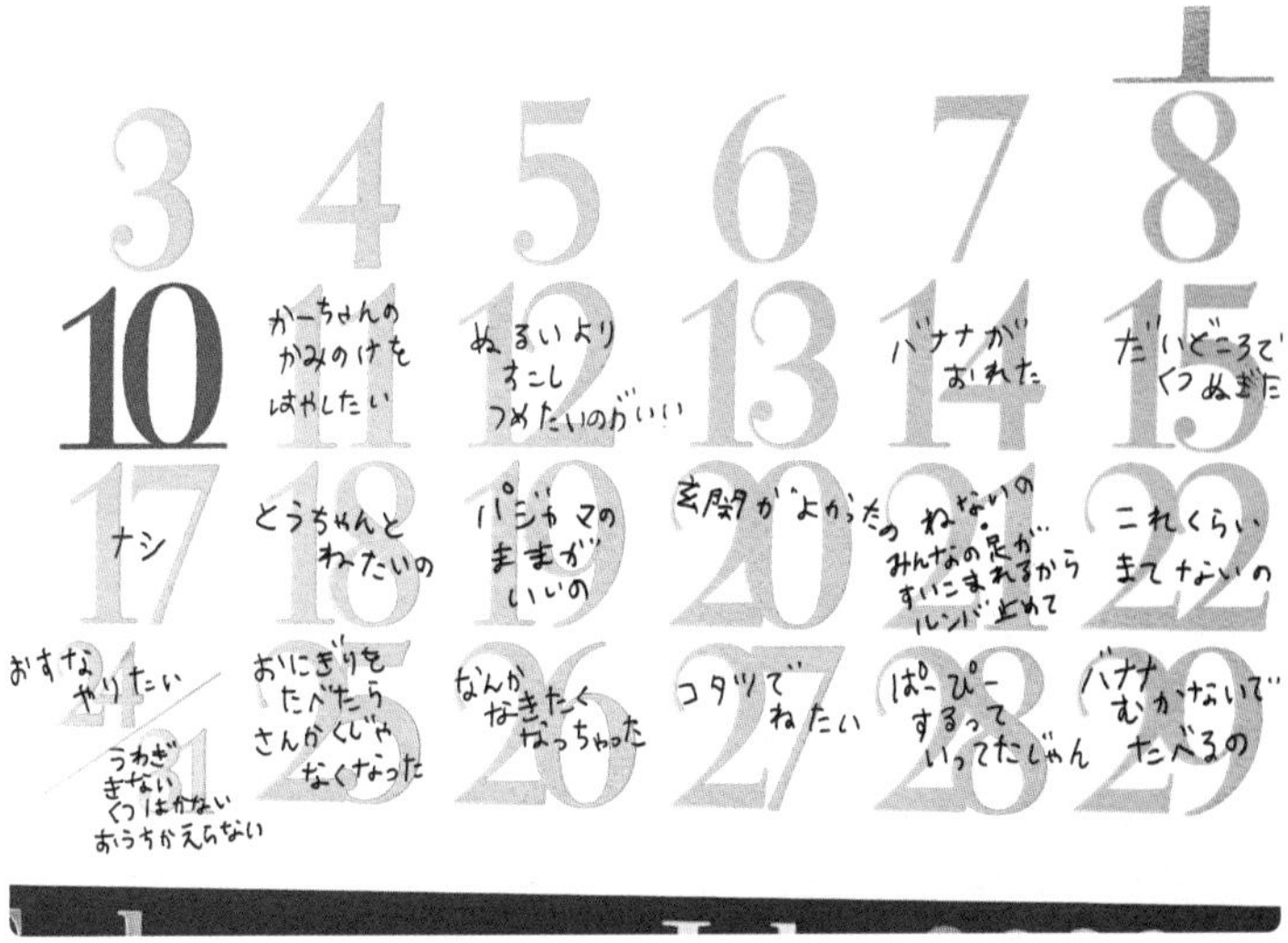


そんなときにおすすめなのが「イヤイヤカレンダー」。次男が繰り出すその日一番意味不明だった言葉を、カレンダーに毎日記録していくアイデアです。

毎日記入していくと、「昨日に比べれば、今日はそんなにワガママじゃなかったな」と気づかされたり、異次元レベルの無理難題を言われても「もっと面白いことを言わないかな」と心待ちにしたりと、受け取り方が変わっていきました。

あと、嬉しかったのが、「イヤイヤカレンダー」の存在をSNSに投稿したら、子育て中の親御さんたちからたくさんコメントが届いたことです。「うちの子はこんなことを言ってましたよ！」と各ご家庭のワガママ発言を教えてもらい、「子育てに頭を悩ませているのは我が家だけじゃないんだな」と思えたことも、大きな心の支えになりました。

31

# 電車ヨガ

課題

## お友達と一緒に電車に乗ると、子どもたちが騒いでしまう

3〜4歳の頃の長男は、電車に乗るとおとなしくできずに、騒いでしまうことも。友達と一緒だとなおさらテンションが上がって、電車内で大暴れしてしまうときもありました。

IDEA

## 「動いた方が負け」というゲームにして子どもたち2人に競わせる！

案：佐藤ねじ

電車内に3～4歳の男子2人が乗り合わせるのは、まさに最悪の組み合わせです。親が「おとなしくして！」と言っても効果はないので、ここは本章の最初で紹介した発想法、「ゲーム化」の出番です。電車内で子どもが楽しみながら静かにするには、どうしたらいいでしょうか。そのヒントは「ヨガ」です。

「ヨガ」と言ってもやるのは本物のヨガではありません。電車のシートに座り手をひざに置いて、ヨガのように呼吸を静めて、どれだけ止まっていられるかをゲームにするのです。先に動いたりしゃべったりした方が負けなので、子どもたちも必死になって、笑いをこらえて動きを止めます。どちらかが動いてゲームが終わっても、「じゃあ、2回戦！」と仕切り直せば、再び静かになってくれます。これで数駅の区間、沈黙を作ることができました。

子どもは止まっていることが苦手なので、それを逆手にとることで面白いゲームになります。ぜひお試しください。

# 32

課題

# 見えない着替え室

**保育園の出発時間が迫っているのに、全然子どもが着替えてくれない！**

イヤイヤ期の朝の登園は大変です。まだ寝ていたい、お着替えしたくない、パジャマのまま行きたいなど、いろんなことを言いながら、結局全然家を出てくれません……。

IDEA

## 机の下にもぐると透明に……!? 突然着替えて登場し、親を驚かせよう！

案：佐藤ねじ

長男が3歳の頃、登園しぶりで着替えないことがよくありました。そこで、「着替え自体をゲーム化して楽しくできないか？」と始めたのが「見えない着替え室」です。

「机の下に隠れると、姿が見えなくなるよ！　ここで着替えて突然出てきたら、母ちゃん驚くかな～？」と僕が言うと、机の下に長男が隠れます。机の下は姿が見えなくなる設定なので、「あれ？　どこ行った？」と奥さんが長男を探し始めます。「グフフ」と笑いをこらえる長男。「母ちゃん探してるね！　パッと着替えて、出ていこ！」と僕が言うと、息子が大慌てで着替え始めます。

仕上げは奥さんのリアクション。長男が机の下から飛び出すと「うわぁああ！　き、着替えてるぅ！」とビックリ！　すると長男も「ウヒヒ」と笑顔になって、玄関に向かってくれました（ただしイヤイヤ期なので、玄関で靴を履かないという別ステージが待っていることも……）。ぜひお試しください。

# 33

# 歯磨きゲーム「口のハービイ」

課題

**子どもがおとなしく歯を磨かせてくれない**

当時3歳の次男は歯磨きのときにおとなしくするのが苦手でした。「歯を磨くから口を開けて!」と言っても、ちゃんと口を開けなかったり、ジタバタしたり。3分程度じっとしてもらう方法を探す必要がありました。

IDEA

**効果音で、歯磨きをゲーム化!歯プラトゥーンもおすすめ。**

案:佐藤ねじ

おとなしく大きく口を開けておいてもらうために、歯磨きをゲーム化してみました。次男が好きなゲーム『星のカービィ』を題材にした歯磨きゲーム「口のハービィ」です。次男には「『口のハービィ』が虫歯や敵を倒しにいくよ！」と伝え、口を開かせることに成功。シャカシャカと歯を磨きながら、カービィのBGMを口ずさむと嬉しそう。さらに「あ！　虫歯を潰したぞ！　ブシャァ！」など効果音を交え、ゲーム実況していきます。さらにボス戦になったり、アイテムをゲットしたり、いろんな変化を加えると3分はあっという間。

子どもは口の中が見えない分、脳内妄想が高まってワクワクしてくれます。題材は、そのときに好きなゲームやアニメに変えていけばOK。

うちではその後、敵チームが汚した歯を歯磨き粉で塗りつぶしていく陣地取りゲーム「歯プラトゥーン」も流行しました。

34

# 3歳児の家

課題

**ダンボールハウスをもっと楽しくしたい！**

ダンボールハウスは、子どもにとって自分だけの秘密基地です。3歳の頃の長男もがっちり心をつかまれ、我が家でも何度も制作しました。せっかくここまでハマっているのだから、このハウスをもっと面白く活用できないかと考えてみました。

IDEA

## 床のないダンボールハウスを作って布団の上に載せれば、最高の基地に！

作：佐藤蕗

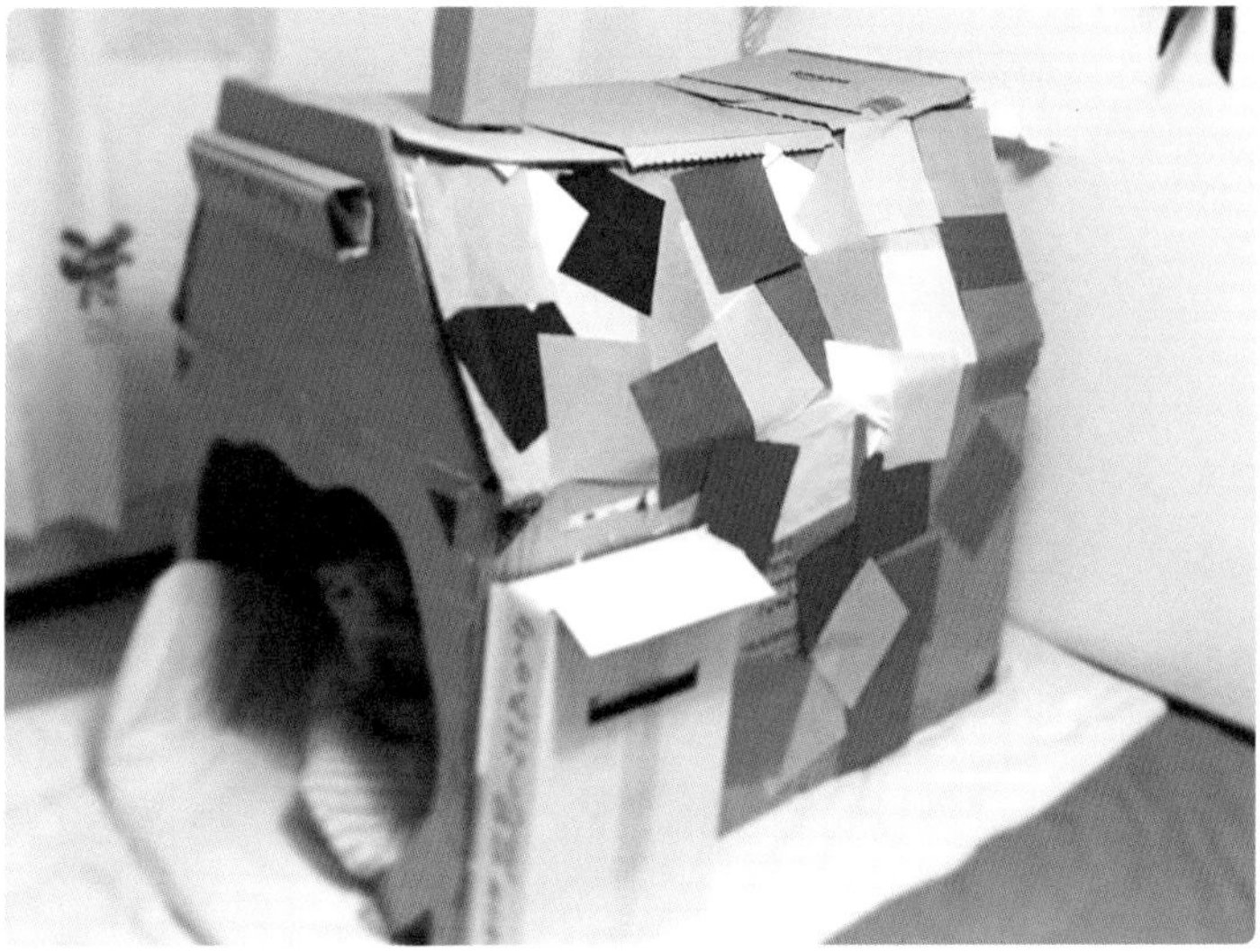

長男があまりに長い時間ダンボールハウスの中にいるので、「このままここで寝られたら楽しいのでは？」と思って、床のないハウスを布団の上に置いてみました。

　すると、狙い通り長男は大喜びして、ハウスの中でそのまま寝るように。布団で寝るのを嫌がる子がいるご家庭なら、ダンボールハウスの中で寝かしつけるのはどうでしょうか。子どもが寝たら上にかぶせているハウスを外すという方法は使えるかもしれません。ハウスはかさばるので設置場所に困りますが、布団の上に作れば、置き場所は気にしなくて済むのも助かりました。そのほか、郵便配達ごっこ用にポストをつけたり、ハウス内の壁に好きなものを貼ってみたら、ますます子どもにとって特別な存在になっていきました。

# 35

# 身体ボタン

課題

**イヤイヤ期でぐずっている子どもを笑わせたい**

イヤイヤ期で泣いている子どもを泣き止ませたり、つまらなそうにしている子どもを盛り上げたり。そんな魔法のボタンがあれば便利なのに……。

IDEA

**自分や子どものカラダに、魔法のボタンを創作！**

案：佐藤ねじ

子どもにしてほしいことがあるとき、とても重宝したのが「身体ボタン」です。たとえば、イヤイヤ期で泣き叫ぶ次男には、何を言っても効き目はありません。そこで、突然僕も「うわぁああん」と叫んで、「父ちゃんもイヤイヤ期になった。イヤイヤを止めるには、腕の停止ボタンを押して！」と言ってみました。次男が恐る恐るボタンを押すと、僕は「プシューーッ」と静かになる。すると、次男はモードが切り替わり、笑ってくれました。そのあと、「〇〇くんにも停止ボタンがあった！」と言って押すと、次男も動きを停止。そこから遊びにつながります。

ほかにも、子どもの声が大きいときにボリュームを下げるダイヤルや、急いで仕度をする倍速スイッチなど、バリエーションは無限に考えられます。この「身体ボタン」シリーズはイヤイヤ期の次男にとても効果がありました。「子どもを泣き止ませたい」というときはもちろん、ちょっとした暇つぶしや新しい遊びにも使えるので、活用してみてください。

36

# イヤイヤ動画鑑賞

課題

**イヤイヤ期で子どもがずっと泣き続けている**

何もかもが気に入らないイヤイヤ期。次男は毎日のようにわーっと大音量で泣き続けていました。手のつけようがありません……。

IDEA

## イヤイヤ泣いている子を撮影し一緒にその動画を操作して遊ぶ

案：佐藤ねじ

イヤイヤして大泣きしているときは、我を忘れたパニック状態。こういうとき、家から抱っこして外に出て夜風を浴びせると、ハッと我に返ることがあります。同じように、泣いている自分を客観的に見ることができたら、効果があるかもしれない。イヤイヤ期で泣きじゃくる次男の様子を半ばやけくそでスマホで撮影し、本人に見せてみました。

それでもワンワン泣いているので、再生の仕方をいろいろ工夫します。「ねぇ見て。○○くんすごい顔してるよ！」と言って、次男が変な顔をしているシーンで停止してみたり、でっかく開いてる口の部分の画面を拡大したりします。ほかにも再生スライダーを動かしてスローにしたり、逆再生と再生を繰り返してみたり。すると、子どもは笑顔に！　そのうち「自分で動かしたい！」と言い出したら、しめたもの。泣いていたことを忘れて、動画に夢中になってくれます。結果的には、撮影した動画自体も我が家のいい記念になったと思います。１～２回はこんな技も使えるかもしれません。

# 37 路上絵本

## 絵本を「絵」と「文字」に分解してみる

作：佐藤ねじ

絵本の要素を分解すると、「絵」と「文字」に分けられます。ならば、絵本を読むという体験は、必ずしも紙の上だけでなくてもいいのではないか。そんな想いから、子どもと歩くいつもの散歩道を「絵本」に見立てたのが、この「路上絵本」です。

用意したのは、絵本の形の箱の中に入れたミニプロジェクター。これを持って子どもと保育園までの道を散歩します。道中でポストが見えたら「ポスト駅に到着〜！」、木の前に立ったら「（文字が）木の上に登るよ！」など、さまざまな「文字」をスマホで打ち込み、プロジェクターで実際の風景に投影。子どもは街並みに投影された文字を触ろうとしたりして楽しそうです。いつもの通学路に投影された「文字」から、新たな物語が生まれていきました。

（※道路では周りの安全を確認し、周囲に迷惑にならないようご注意ください）

まちでんしゃ 1
ポスト駅に
到着〜！

ポスト駅に
到着〜！

路上えほん

これは

ピッ
おきゃくさんは
もう
おなかペコペコ

# 38

# 「化石」を掘り進めながら、食べられるケーキ

作：佐藤露

長男には小さい頃、恐竜が大好きだった時期がありました。そんな長男のお誕生日に、恐竜の化石を掘り出しながら食べられるケーキを作ってみました。

作り方としては、最初に恐竜の骨のクッキーを作って、そのあと、地層部分になるチョコレートケーキを焼き上げていきます。焼いている途中に何度かケーキを取り出して、骨クッキーを埋め込み、最後に表面用の骨クッキーをケーキの一番上に乗せれば完成です。

ワンホールのケーキを掘って食べるなんてお行儀が悪いですが、この日は特別。大好きな化石を前に、息子も黙々と発掘を楽しみました。私自身も作るのが楽しかったので、その後も長男のお祝いごとがあった際、何度かこのケーキを作りました。

# 39

# おもちゃの視点

## おもちゃが見ている世界を、体感する

作：佐藤ねじ・蕗

子どもたちに遊ばれるおもちゃには、この世界はどう見えているのでしょうか。子どもに宙づりにされたり、振り回されたり、顔を近づけられたり、ときには大衝突をさせられたり。映画『トイ・ストーリー』のように、かなり臨場感のある世界が広がっているはずです。

そんなおもちゃの見ている世界を知りたくてやってみたのが、この作品です。小型カメラを中に仕込んだロボットを子どもに渡して、おもちゃ視点の映像を撮影しました。思った通り、怪獣のように迫力のある子どもの顔のドアップや子どもがロボットに話しかけている姿、はたまたロボット視点で見た家の中など、新鮮な光景が広がっていました。アルバムや動画とは違った形で、家族の風景を記した貴重な映像になりました。

## おもちゃの視点

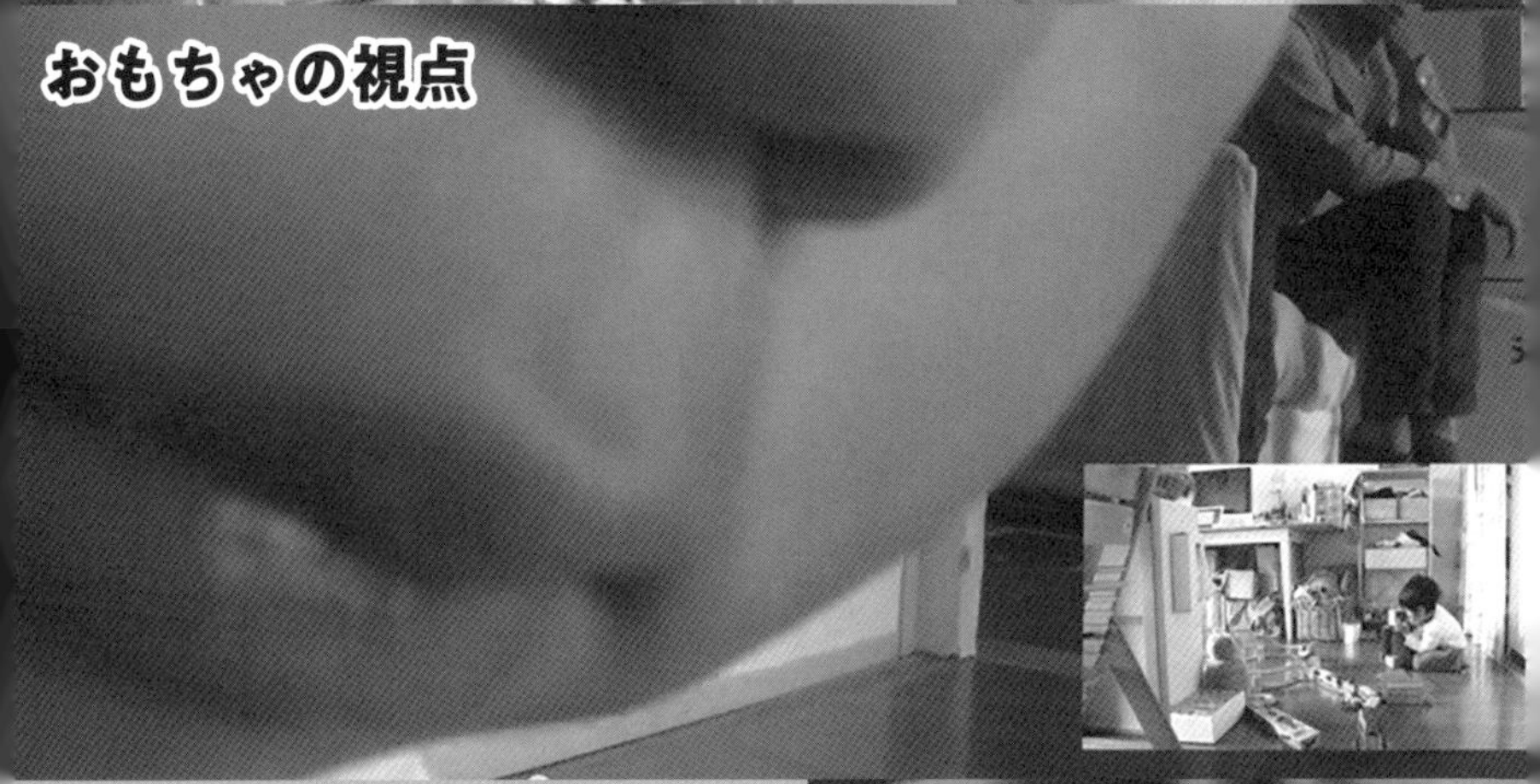

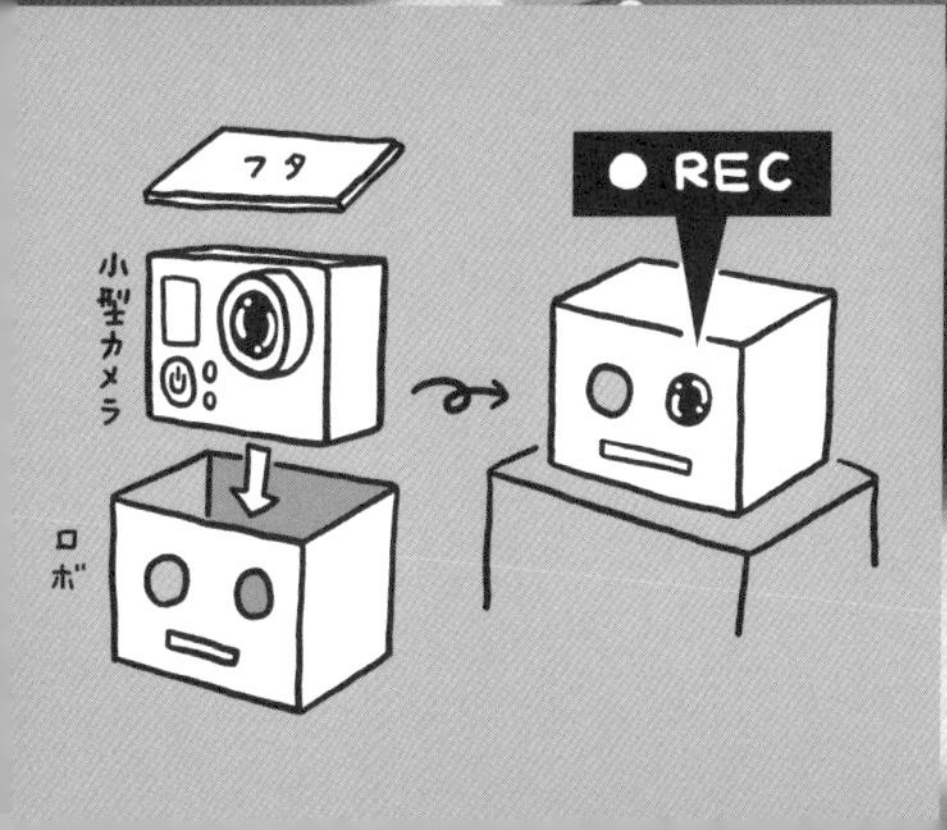

# 40

# 3歳の写真家

## 3歳児が撮影した無料写真サイト

作：佐藤ねじ

3歳の写真家による、個人利用OKな無料写真サイトです。iPhoneは3歳の長男を写真家にしました。幼児は背が小さいので、独特の目線の写真になります。また、なんの躊躇もなく連打撮影するので、その撮影姿もコンテンツとして面白いなと感じました。

サイト（現在は閉じています）は、ロイヤリティフリーとして子どもの写真を配布しつつ、その撮影風景を織り交ぜた構成にしました。

# 3歳の写真家

3 YEAR OLD PHOTOGRAPHER

# 特に役立った3〜4歳のアイデア

イヤイヤの絶頂期。「食べない」「行かない」「着替えない」……。
あらゆるイヤイヤを攻略するためのアイデアが数多く生まれました。

## つまみぐいレストラン

料理中のキッチンに忍び込み、母ちゃんにバレずにどれだけつまみぐいできるかという遊び。子どもは爆笑。

## 朝の運動会

登園させるハック1。運動会の曲を流し、お着替え競走にして、玄関ダッシュ。

## 見えない着替え室

登園させるハック2。下にもぐると子が透明になる机。突然着替えて登場し、親が驚く演技をします。

## へんしんBOX

登園させるハック3。魔法のボックスにアイテムを入れ、帰宅すると別のアイテムに変化。

## 電車ヨガ

「動いた方が負け」というゲームで、電車で暴れる子どもたちをおとなしくさせた。

## 歯磨きゲーム「口のハービイ」

子どもが好きなゲームの効果音をつけて、歯磨きをゲーム化。喜んで口を開けてくれた。

Chapter 5

# 5~6歳のアイデア

5〜6歳発想法 その1

# 遊びにルールを追加する

5〜6歳になると遊びも複雑になってきます。ひらがなや数字がわかるようになるし、ボードゲームやゲーム機などにも興味が湧いてくる。遊びをアレンジできる幅が広がるので、子育てブレストをする側としては、ますます楽しくなる頃です。

POINT

## 既存の遊びに変なルールを加えたり勝利条件を変えたりしてみる

この時期の発想法としてよく活用したのが、「既存の遊び」に「ルールを追加する」というものです。これまであった遊びに、制限時間を加えたり、数を増やしたり減らしたりしてみる。アレンジを加えることで、まったく別の新鮮味のあるゲームに早変わりします。

**「バカ将棋」**

将棋＋追加ルール。一手指すたびに1枚カードを引き、そこに書かれたバカみたいなルールが適用されていく。親子の将棋スキルの差も埋められる。

- **歩が全部、飛車に進化する**
- **盤上が反転して持ち駒が全部入れ替わる**
- **歩をひとつ、自分で考えた新しい動き方にできる……など**

**「詭弁じゃんけん」**

自分の手の強さを、詭弁でお互い主張し合う。

**たとえば、自分がグーで相手がパーとする。本来なら負けでも、「グーは実はブラックホール。パーを簡単に吸い込むからグーの勝ち」などと詭弁を展開。勝敗は第三者に判定してもらいましょう。**

5〜6歳発想法 その2

# ビジネスっぽさを持ち込む

我が家では、育児にあえて仕事っぽいモチーフを加えるというのをよくやります。子どもも大人扱いされることで、より一層真剣になって取り組むし、新しい世界に出会ったドキドキ感を楽しんでくれます。

本章で紹介する「お年玉契約書」も、まさに「家の生活×ビジネス」という公式に当てはめたものです。小さいときはジョークっぽくやる感じですが、その経験が、年齢が上がってくると役立つこともあります。

## アイデアの例

### 「さとうけホールディングス」

家庭をホールディングス化。家族それぞれの役割を、会社の社長と定義してみると、楽しくなるかもしれません。たとえば、うちの４歳次男はなぜか掃除が大好き。それなら〝さとうけホールディングス〟の「株式会社ふろ掃除」の代表取締役に就任してもらい、どんな風呂掃除道具を買うか判断してもらいます。長男には「株式会社スイッチ」の代表として、どんな任天堂のゲームを買うか考えてもらうのも面白そうです。

### 「おこづかいを給与制にする」

おこづかいの渡し方を、給与っぽくするのも楽しそうです。子どもの銀行（アナログな貯金箱）に振り込んで給与明細を発行したり、家庭の景気がよければ、年に2回ボーナスとしてちょっと多めに支払ったりするのもいいですね。

41

# 「ぬ」探し

課題

**お出かけの途中で、子どもが飽きてしまう**

外出先や旅行先で、子どもが飽きてしまうことがあります。駅のホームや街を歩いているときにできるよい暇つぶしはないものか……と考えました。

IDEA

**街にある文字探しゲーム 一番早く「ぬ」を見つけた者が勝利！**

案：佐藤ねじ

一見つまらない行為を楽しくするのは、子育てブレストの得意ジャンルです。

移動中の暇つぶしのひとつとして始めたのが、「ぬ」探し。ルールは、街にある看板やポスターなどから、いち早く「ぬ」を探し出した人が勝ちというシンプルなものです。ひらがなが読めるようになると、こうした文字を使った遊びもできます。

文字の中でも、「ぬ」は街中で目にすることが少ないので、ゲームとしてもなかなか面白いです。さらに「道端で犬を発見したら1点」「珍しい苗字を見つけたら得点が3倍」など、ルールを付け加えると、ゲームが一層盛り上がります。

なお、探すのはひらがなの「ぬ」以外のものでも、もちろん問題ありません。街中で「パンダの絵探しゲーム」でもいいし、都心を歩いているときに「路上に咲く花探しゲーム」でもいい。「ちょっと珍しいけど、探せばあるもの」に設定するゲームバランスがポイントです。

42

# 指スマ10

課題

**電車や車の中で、おもちゃがなくても楽しめる遊びが欲しい**

前のページと同様に、移動中の暇を解消するアイデアです。電車や車に乗っているとき、座ったままでも楽しめる遊びを考えました。

IDEA

## 両手の指全部を使う「指スマ」で難易度が激烈アップ

案：佐藤ねじ

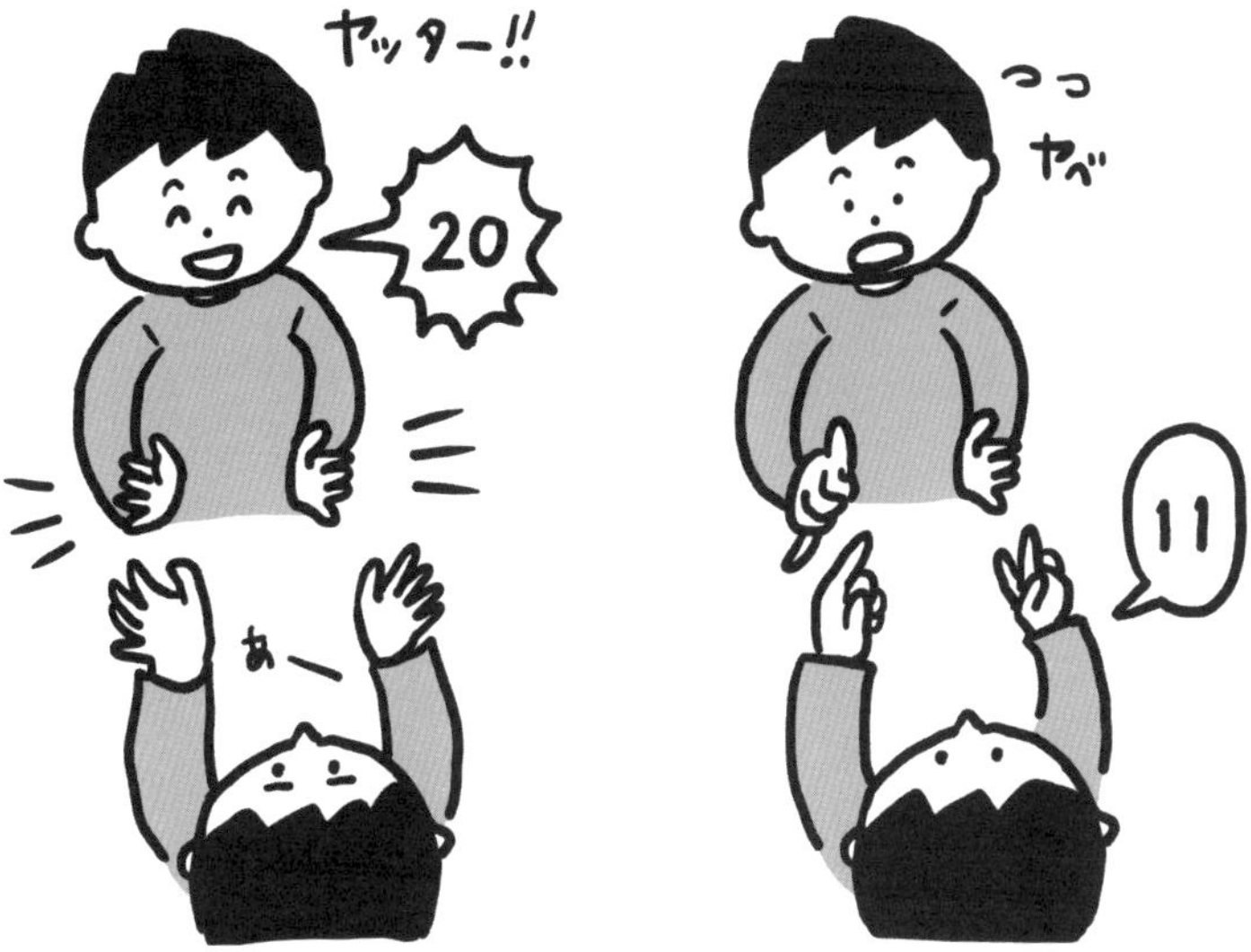


「指スマ」や「ちっち」などと呼ばれる、プレイヤーが立てる親指の数を当てるゲーム。これにルールを加えたらどうなるか。そう考えて思いついたのが、両手の指10本をすべて使って指スマをする「指スマ10」でした。

たとえば2人で対戦する場合、指の数が20本になるので、なかなか予想が当たりません。でも難易度の高さゆえに、当たったときの盛り上がり方はハンパではありません。このゲームは、長男との間のヒットコンテンツになりました。

ほかにも、手の親指代わりに足を上げ下ろしする「足スマ」にもチャレンジ。指でやるのとは雰囲気が変わり、新鮮味があります。また、こうした既存のゲームの改造を提案することで、長男自身が自分で新たな独自ルールを考えたがるようになりました。

# 43

# マッサージマリオ

**課題**

**子どもは元気だけど、**
**親は疲れて休みたい……**

子どもは元気で遊びたい気持ちがいっぱいだけど、親は疲れていて、できるだけ動きたくない。一緒に遊んであげたい気持ちはあるので、親は体を休めながら子どもを楽しませる方法はないか、考えてみました。

**IDEA**

## マリオになった気分で、背中を足踏みマッサージ

案：佐藤ねじ

そこで生まれたのがゲームのマリオシリーズから考えた「マッサージマリオ」です。僕が床に寝て、子どもに足の裏から背中に向かって踏んでもらいます。このとき、「僕の背中＝マリオのステージ」に見立てて、親がマリオのBGMを口ずさめばマッサージゲームのできあがり。子どもの脳内には、横スクロールで進む「父ちゃんの形をしたステージ」が浮かぶので、足踏みをしながら背中まで歩いてもらいます。途中で落ちたらゲームオーバーで、最初からやり直し。身体を揺らして子どもを落としにかかると、ゲーム感が高まります（怪我をしないよう周りに注意してください）。

5～6歳の体重は足踏みマッサージにはぴったりの重さで、親としても日頃の疲れを癒せるので一石二鳥。「もっと踏んでほしい」と思ったときは、「腰の上で10秒間停止するルール」を作ったりしていました。

44

# 新しい公園ルール

課題

**ふつうの公園遊びに飽きてしまった……**

いつも行く近所の公園。親の方は飽きてしまいます。子どもは高度なことができるようになってきたし、ちょっと変わった公園遊びを試すようになりました。

IDEA

**「ブランコストッパー」「クイズすべり台」。公園に追加ルールを足してみる**

案：佐藤ねじ

新しい遊びを考えるとき、本章冒頭で紹介した既存の遊びにルールを追加する発想法が役立ちます。たとえば「ブランコストッパー」。本来なら漕いで遊ぶブランコを、逆に「先に止まった方が勝ち」というルールで対戦します。「足を使って止めてはいけない」「身体が地面についてはいけない」などの制約をつけて、親子どっちが早くブランコを止められるかを競います。ブランコを止めるために、なぜか足をバタバタしたり、力を込めてみたり、それぞれ創意工夫をするのが面白いです。

また「クイズすべり台」は、クイズ番組のアトラクションみたいな楽しいゲーム。まず解答者が、すべり台の上に登ります。出題者はその人がすべる直前にクイズを出します。解答者はすべり終えるまでに答えなければなりません。「〝き〟のつく言葉を2つ答えて」など簡単な問題でも、すべりながらだと意外と答えられず、盛り上がります。ほかにも、均衡を保てたら勝ちとなるシーソーゲームや、「強そうな葉っぱを探すゲーム」など、追加ルールでさまざまな新しい遊びが作れます。

45

# 魚を描いて食べる

課題

**長男が「さかなクン」にドハマリ。好奇心を育ててあげたい**

長男は5歳の頃、さかなクンが大好きで、その影響で魚好きになりました。それまではあまり絵を描くこともなかったのですが、魚という好きなモノができて、急激に描き始めました。長男が魚に触れられる機会は図鑑や水族館くらいでしたが、せっかく興味を持ったので、好奇心を育てるため、日常でも何かできないか考えるようになりました。

IDEA

## さかなクンの真似をして、丸魚を購入し、「描く→料理」を日常化

案：佐藤露

本物に触れたら好きなモノへの好奇心がもっと拡張していくかもしれない。そこで、長男と一緒に魚屋さんへ行って、丸魚を買うことにしました。これにより本人も魚の旬などに詳しくなっていきました。

生の魚を買ったら、憧れのさかなクンが幼少期にやっていたように、魚を目の前に置いて一生懸命ドローイング。さかなクンに少しでも近づけるため、彼が使っていたのと同じ銘柄のクレヨンを買ってあげたら、本人のやる気もさらにアップしました。

描き終わった魚は私にバトンタッチ。魚をさばきながら、その内臓や身体の仕組みを長男と一緒に観察し、そのあとで夕食に魚料理を食べることで、体験がぐっとリアルなものに。長男はますます魚好きになった上、私も上手に魚をさばけるようになりました。

# 46

# 今月の野菜

課題

**野菜嫌いの子どもに**
**「野菜を食べなさい！」と言うのがストレス**

5～6歳の頃、長男は野菜が大嫌いで、全然食べてくれませんでした。栄養面を考えて長男に「食べなさい」と言うのですが、「緑色のものはイヤ」と言って、まったく言うことを聞いてくれません。自分が作った料理を粗末にされるストレスもあったし、次第に「食べなさい」と言うこと自体が負担になっていきました。

IDEA

## 「これだけは食べる」という野菜を毎月1種類だけ自分で決める！

案：佐藤蕗

長男は自分で決めたことには、夢中で取り組むところがありました。野菜についても、親から「食べなさい」と言われると嫌だけど、自発的に決めたことなら守ってくれるのでは……と思い、長男と話し合いました。そして、「毎月1種類だけ、絶対に食べる。それを食べるなら、ほかの野菜については『食べなさい』と言わない」と約束を決めました。

どの野菜にするかは、本人が八百屋さんに行って、旬のものをお店の方に教わって選びました。最初はネギ。それ以外の野菜については、約束通り、「食べなさい」とは言いませんでした。調理法をいろいろ変えて食卓に並べ、見事クリア。その後も自分で決めたのがよかったのか、1か月に1種類はきちんと食べ、1年後には合計12種類の野菜が食べられるようになりました。おかげで「食べられる」と自信がついたのか、野菜嫌い自体も収まりました。嫌いな食べ物がある子には、効果がある方法かもしれません。

47

# 献立TV

課題

## 食べ慣れない料理にもチャレンジしてほしい

子どもは食べ慣れないメニューにはなかなか手を付けません。うちの長男も、初めて出す料理は「食べたくない」ときっぱり。ただ、親としてはせっかく作った料理は食べてほしいし、長男にももっといろんな味を知ってほしいと思っていました。

豚肉とパイナップルの組合せは、果実に含まれているタンパク質分解酵素の…
酢豚
へー

IDEA

## 今日食べる献立の動画を見せるとその料理がちょっと好きになる

案：佐藤ねじ

　人はご飯を食べるとき、〝情報を食べている〟と言われます。高級な食材と言われるとそう感じたり、その料理に含まれる具材について知ると、おいしく感じたり。TV番組の「格付けチェック」で目隠しして食べると、どれが高級食材がわからなくなるシーンがありますが、あれも視覚による情報が大事な証。味覚、視覚、嗅覚といった「情報」で料理体験は変わります。
　そこで、子どもにも「この料理がどうやって作られているのか」「どんな風に生まれたか」といった動画を食前に見せたら、もっとおいしく食べてくれるのではないかと考えました。その日の夕飯は酢豚だったのですが、動画のおかげで、長男はパイナップルとお肉のうんちくを語りながら、おいしく食べてくれました。うまくいくものといかないものがあるとは思いますが、食べたがらない料理に挑戦してもらう方法としておすすめです。

# 48

# 6歳ラジオ

## 大人の悩みに6歳児が答えるラジオ

作：佐藤ねじ

音声プラットフォーム「Voicy」がスタートした頃、6歳の長男がリスナーの悩みに答えたり、近況を話したりする番組を作ってみました。ちょうど子どもが小学校に入学する前から、入学して学校に慣れていく時期に開始。この瞬間しか録れない貴重な話を記録するために始めました。「職場になじむにはどうしたらいいか？」といった相談内容に、「覚悟と勇気が大事だ」などと断言して答えていく姿が、非常にかわいい番組です。

ほかにも、もう寝ないといけない時間に、母親にバレないように布団の中に隠れて収録した「母ちゃんに隠れて小声ラジオ」という回なども。スマホのラジオだからできる、新しいラジオ表現が楽しく、2年くらい続けました。

実際の内容はこちらから

# 大人の悩みに
# 6歳児が
# 答えるラジオ

6歳児が答えるお悩み相談
#1 「はじめてのラジオ」
25:14 2018年4月7日
1.7万再生

6歳ラジオ #4.5 「母ち
んに隠れて小声ラジオ」
02:12 2018年4月18日
1,711再生

6歳ラジオ #4 「入学して
一週間」
30:58 2018年4月14日
5,593再生

6歳児ラジオ #7「無限よ
り進化するゲイジュツリ
ードン」
27:36 2018年4月29日
2,349再生

新着の放送

8歳ラジオ#2「ドラゴン
ボール17巻展開予測、
STEAM教育
44:44 2020年2月11日
3,736再生 5

09:05
3. オリジナルポケモン- 1「ポリゴル」4万回進化し、太陽の入った隕石の滝を降らせるポケモン

04:01
4. お悩み：告白を断る方法

# 49 お年玉契約書

## お年玉をきっかけに、今年の目標を立ててもらう

作：佐藤ねじ

ポチ袋の新しい形を考えた結果、子どもとお年玉契約書を結んでみた作品です。その名の通り、お年玉を渡す際に長男と契約書を交わすという試みです。お年玉をきっかけに、子どもに「今年の目標を立てる習慣」をつけてもらう狙いもありました。

事前に長男と話し、子どもが決めた1年間の目標を書いた契約書を作ります。「鼻くそをほじらない」「そんなに熱くないスープを、熱いとビビらない」といった感じでした。書類にサインしてもらったら、長男にお年玉を渡します。契約したので、鼻くそをほじっているのを発見すると、「サインしたよね？」と言えるようになります。もちろん、その瞬間はウッとなりつつ、また数分後には鼻をほじっていましたが（笑）。でも、1年の初めに目標を立てる習慣がつけられて、よかったと思います。

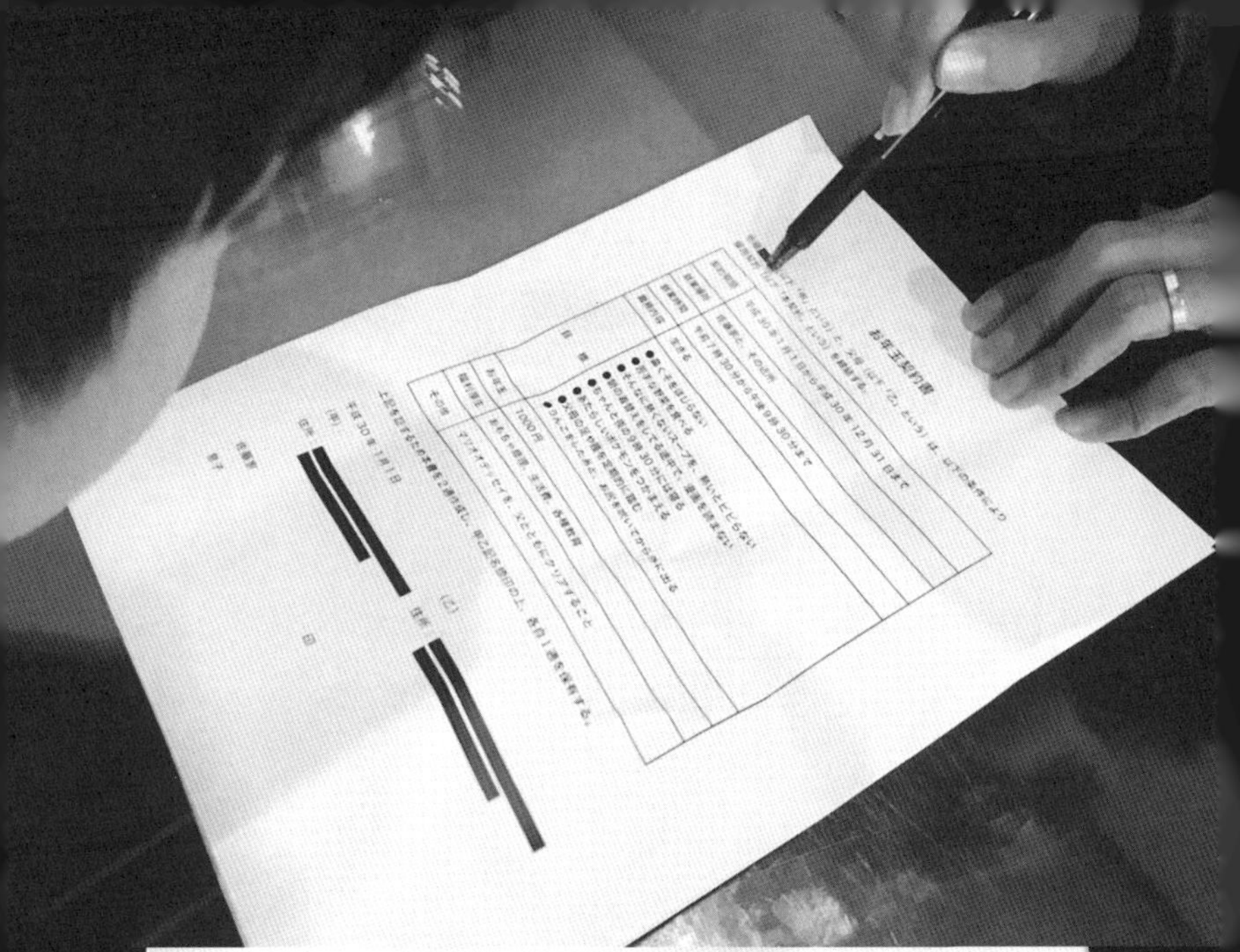

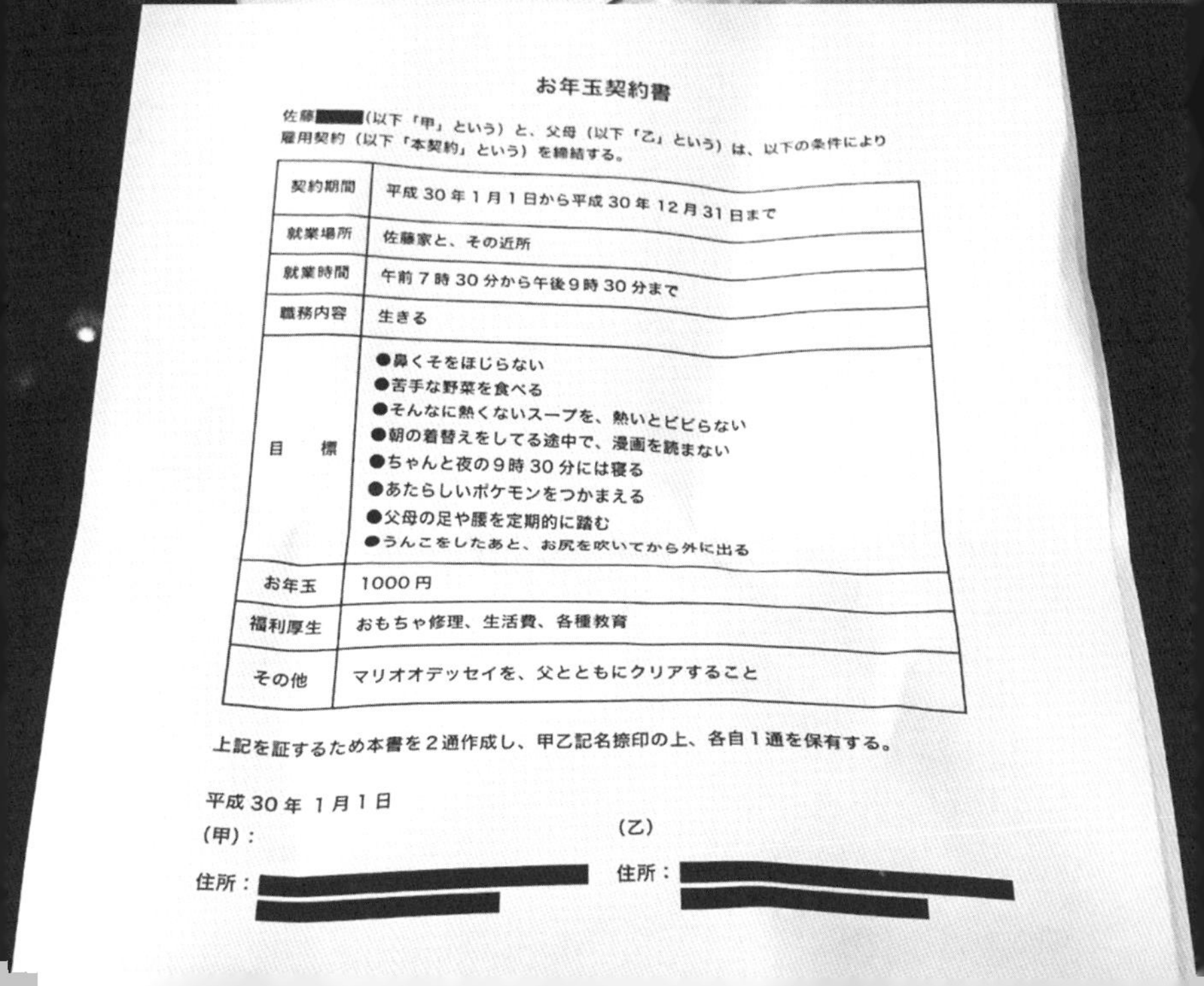

# お年玉契約書

佐藤[redacted]（以下「甲」という）と、父母（以下「乙」という）は、以下の条件により雇用契約（以下「本契約」という）を締結する。

| | |
|---|---|
| 契約期間 | 平成30年1月1日から平成30年12月31日まで |
| 就業場所 | 佐藤家と、その近所 |
| 就業時間 | 午前7時30分から午後9時30分まで |
| 職務内容 | 生きる |
| 目　標 | ●鼻くそをほじらない<br>●苦手な野菜を食べる<br>●そんなに熱くないスープを、熱いとビビらない<br>●朝の着替えをしてる途中で、漫画を読まない<br>●ちゃんと夜の9時30分には寝る<br>●あたらしいポケモンをつかまえる<br>●父母の足や腰を定期的に踏む<br>●うんこをしたあと、お尻を吹いてから外に出る |
| お年玉 | 1000円 |
| 福利厚生 | おもちゃ修理、生活費、各種教育 |
| その他 | マリオオデッセイを、父とともにクリアすること |

上記を証するため本書を2通作成し、甲乙記名捺印の上、各自1通を保有する。

平成30年 1月1日

（甲）：　　　　　　　　（乙）

住所：[redacted]　　　　住所：[redacted]

50

# 子どもが好きだったものを記録

## 忘れてしまいそうな「いま、好きなもの」を記録に残す

作：佐藤露

長男の5歳の誕生日記念にやってみたのが、陶器のお皿に、当時ハマっていたものを記録するという試みです。「恐竜」、「オオムラサキ」、映画の『ファインディング・ニモ』など、大好きなモノを、イラストも交えて陶器用の専用ペンを使って書き込みました。身長や体重、私たち親の年齢を書いても、家族の記録として思い出になります。

『自転車』を『でてんしゃ』と言っちゃう」「公園の水飲み場の水を出すのが好き」など、5年後には忘れていそうな些細な事柄を書き込むのもおすすめです。数年後に見直すと、「これ好きだったよね～」と懐かしく感じるはず。我が家では長男が5歳のときに作りましたが、毎年恒例にして「好きだったもの10年日記」のようにするのも素敵だと思います。

さとう　くんおたんじょうび おめでとう!! 2016
マカジキ
すきなもの 昆虫、魚、恐竜などの生き物
せのたかさ110cm おもさ18kg あし17cm

# 特に役立った5〜6歳のアイデア

この時期になると遊びも複雑になってきます。作ったり考えたりすることが好きになってきた長男と、新しい遊びをたくさん考えて楽しみました。

## マッサージマリオ

マリオのBGMを口ずさむと、父の背中がゲームに。たくさん足踏みマッサージしてもらえた。

## 5歳児が値段を決める美術館

子どもが決めた値段で、子どもの作品を販売。結果的に作品たちがずっと残るものになった。

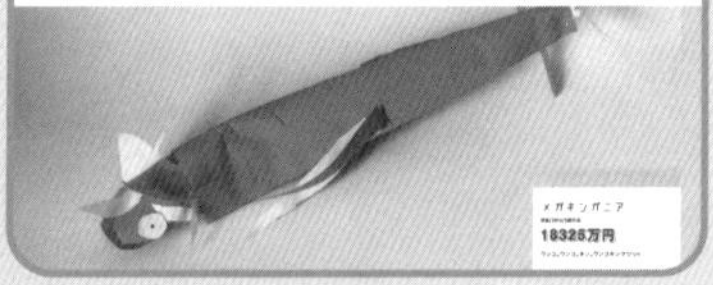


## 6歳ラジオ

大人の悩みに6歳児が答えるラジオ。6歳から小学生になっていく貴重な会話が保存できた。

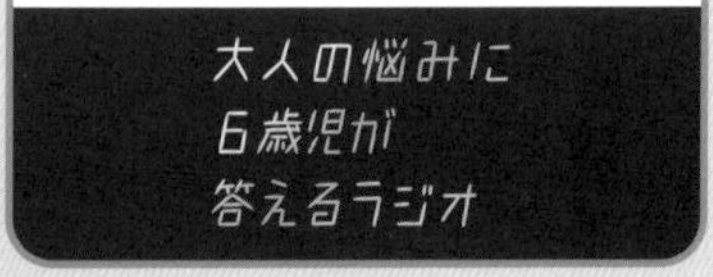


## 魚を描いて食べる

さかなクンの真似をして、丸魚を購入し、「描く→料理」を日常化。

## 今月の野菜

「これだけは食べる」という野菜を毎月1種類だけ自分で決め、野菜嫌いを克服。

## 遊びにルールを追加する

「ぬ」探し・指スマ10・新しい公園遊びなど、いろんな遊びを、息子と一緒に考えた。

Chapter 6

# 小学1~2年生のアイデア

小1～2年生発想法

# 勉強の向こう側

小学生になってからは「勉強や学ぶことは楽しいこと」といかに思い込んでもらうかを意識しました。勉強や宿題など「やらされるもの」の量が増えますが、そういうものでさえ「楽しいもの」に変換できるポジティブ思考になれるといいなと。

学校の勉強を嫌いな人は多いかもしれませんが、実際のところ、そういう5教科の学びの先には楽しい遊びや仕事が潜んでいます。

たとえば、学校で教わる算数はつまらないかもしれないけど、数学はプログラミングにつながり、プログラミングは子どもが大好きな「ゲーム」につながります。そういった〝勉強の向こう側〟にあるモノを伝えることを意識しています。

POINT

## つまらなそうな勉強の「本番」を味わってもらう

そのひとつの方法が、「実践編」を体験してもらうこと。サッカーの楽しさを伝えるには、ボールの蹴り方を教科書で読むより、サッカーをした方が早い。同じように理科なら勉強だけするより、実験をした方が楽しい。このように、どんな学びも「楽しいもの」だと思い込ませることがこの年齢でのポイントです。楽しいという勘違いが続くと、気づけば「得意」になっているのではないでしょうか。

宿題の定番「音読」もただの宿題として読んでも楽しくないけれど、「いろんなキャラになりきって面白く読む」という遊びにすると、盛り上がります。これは本章でも紹介する「エンタメ音読」のアイデアです。

### その他のアイデア

・地理の勉強は、実際に学んだ場所へ「旅」してみると楽しい
・歴史は、漫画やドラマ、中田敦彦のYouTube大学で学ぶと楽しい
・理科は、あえて難しい理科の本も一緒に読んでも楽しい

51

# おかえりのくす玉

課題

## 人生で初めて1人で下校する息子を応援したい

長男が小学1年生になり、自分1人で歩いて帰ってくるようになりました。保育園時代は親が必ず送り迎えをしていたので、息子にとって1人での帰宅は人生で初めての体験です。無事に帰ってきてくれて、親としては本当に嬉しい。小さな〝初めて〟を頑張ったお祝いをしたいなと思いました。

IDEA

## なんでもない日の帰宅を、くす玉でお祝い！

作：佐藤蕗

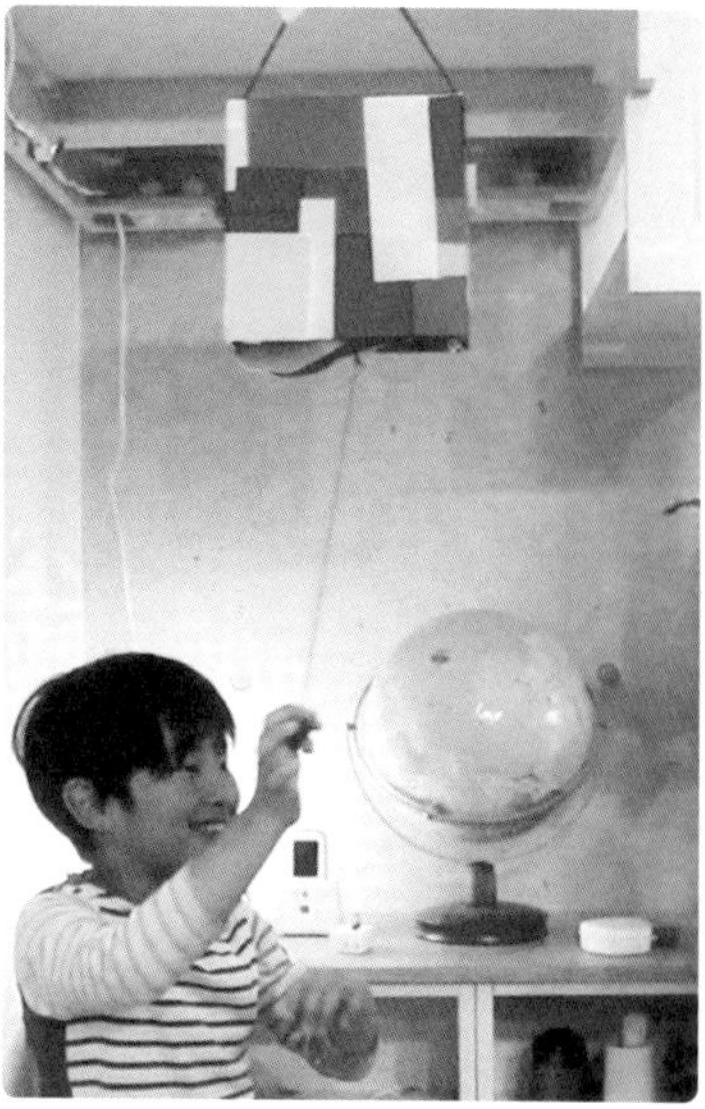

そこで作ってみたのが「おかえりのくす玉」です。帰宅した長男に「このくす玉の紐を引っ張って！」と頼むと、くす玉がパアッと開き、いろいろな飾りと共に「おかえり」という垂れ幕が飛び出します。長男も最初は「え、何事？」と戸惑いつつも、とても喜んでくれました。

作り方は本『ふきさんのアイデアおもちゃ大百科』でご紹介しているので割愛しますが、我が家は空き箱を使って作りました。作るのが大変な場合は、市販のくす玉を購入してもいいですね。

また、ふつうの日だけど何か子どもが頑張ったことがある日には、帯を別の文言にしても楽しめます。入学式や卒業式のように大きなイベントではないけれど、子育て中のさまざまな節目をくす玉でお祝いしてみてください。

52

# 親への宿題

課題

**「なんで子どもだけ宿題があるんだ！」という長男の憤りから始まった**

小学校が始まると、保育園まではなかった宿題が出されるようになりました。最初の頃は新鮮な気持ちで宿題をやっていた長男ですが、2年生くらいになると「なんで子どもだけが宿題をしなきゃいけないんだ！」と嫌がるようになりました。

IDEA

## 子どもが「親への宿題」を作って、採点する

案：佐藤蕗

「なんで子どもだけ」という不満を減らすために、「親への宿題」を作ってもらいました。長男には、学校で習った知識をベースに問題文を書いてもらい、私たち親が、その宿題を解くというものです。いつもと立場が逆転するので、長男も「よし、自分が教えてやるぞ」と、楽しそう。何より長男が楽しそうだったのが宿題の採点で、親が解答を間違えようものなら、「グフフ」と喜んでいました。

やらされる学びは楽しくありませんが、自分が教える側に立つと、一気に楽しくなるものです。問題を作るということが、楽しみながら学びを深めていたように思います。

また、子どもに教えてもらうことで、「いま長男は、こういう勉強をしているのか」と知るよい機会にもなりました。

53

# ひらがな採集

**課題**

## ひらがなの書き取りの宿題が「やっつけ」になってしまう

長男が小学校1年生の頃、ひらがなの書き取りの宿題がありました。同じ文字を何度も書いていると、次第に飽きて興味がなくなってくるのか、終盤はやっつけ感あふれる文字になってしまいます。ひらがなが持つ面白さをもっと伝えたいと思いました。

**IDEA**

## いろんな「そ」を集めて ひらがなの魅力を伝える

案：佐藤蕗

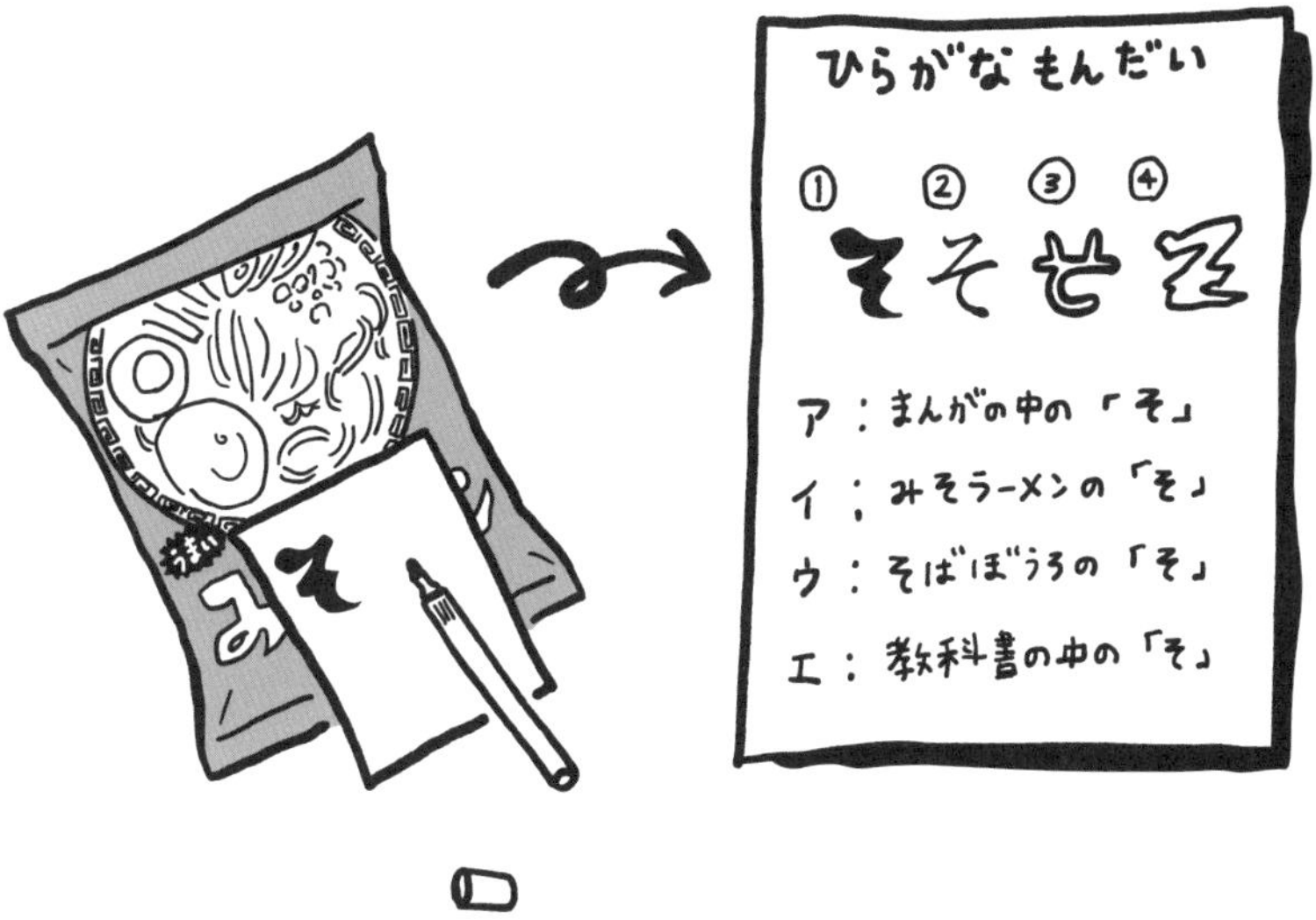


同じひらがなといっても、学校の教科書に出てくるひらがなと、街中にあふれるひらがなはフォントが全然違います。そこで、漫画のコマや絵本に書かれている「そ」をトレーシングペーパーに写したり、いろんな商品パッケージから「そ」だけを切り抜いたりして、文字を採集。それぞれの形がどう違うか比較する遊びを長男とやってみました。

また、集めてきた大量の「そ」の中から「この『そ』は何に使われていた『そ』でしょうか？」とクイズ形式で質問して、長男に答えてもらうのも面白かったです。「みそラーメン」の「そ」や「そばぼうろ」の「そ」など、それぞれ形が違うことを発見して、長男も驚いていました。こうした方法で、書き取りの宿題をこなすだけだった長男のひらがなへの興味を、少しは補うことができたかなと思います。

# 54 エンタメ音読

**課題**

## 音読の宿題が退屈で、機械的になってしまう

学校の宿題の中でも、長男が退屈そうだったのが、「音読」でした。毎日同じ文章を読むのですが、ただ言葉を早口に機械的に読み上げるだけで終わってしまいがち。宿題のようなやらねばならないものに対しても思考停止にならず、「楽しみ」を見つけてほしい。そこで、音読を楽しむ方法を考えました。

**IDEA**

## つまらない音読の宿題をいろんなキャラで読んでみる

案：佐藤ねじ

何事も「宿題」としてやるとつまらないけれど、あらゆる勉強は、楽しいコンテンツや仕事につながっています。音読の向こう側には、映画やアニメの声優、役者の世界もあるかもしれない。そう考えれば、音読はもっと身近で、面白いものになるはずです。

そこで遊びの一環として、僕がおじいさんっぽく音読したり、何かのアニメのキャラクターみたいな演技をして音読したりして、いろんな読み方があることを伝えてみました。

すると、長男は大爆笑。「そんな読み方もあるのか！」と目からウロコだったようで、自分も真似して、面白く読み始めました。これはただの遊びですが、子どもが「つまらないと思っている勉強」と「楽しい遊びや仕事」を紐づけてあげるのは、いい方法だなと思っています。

# 55

# おとなこども学校

課題

## 学校が休校に！　せっかくなので「学校ではやらない授業」を考えてみた

長男が小学校2年生だったとき、新型コロナウイルスの影響で、小学校が2週間ほど休校になりました。せっかく時間もあるのだから、学校では教えないけれど、僕らが息子に知っておいてほしいことを教える機会にしようと考えました。

IDEA

## 子どもも先生に！お互いが教え合う「学校」が開校

案：佐藤ねじ

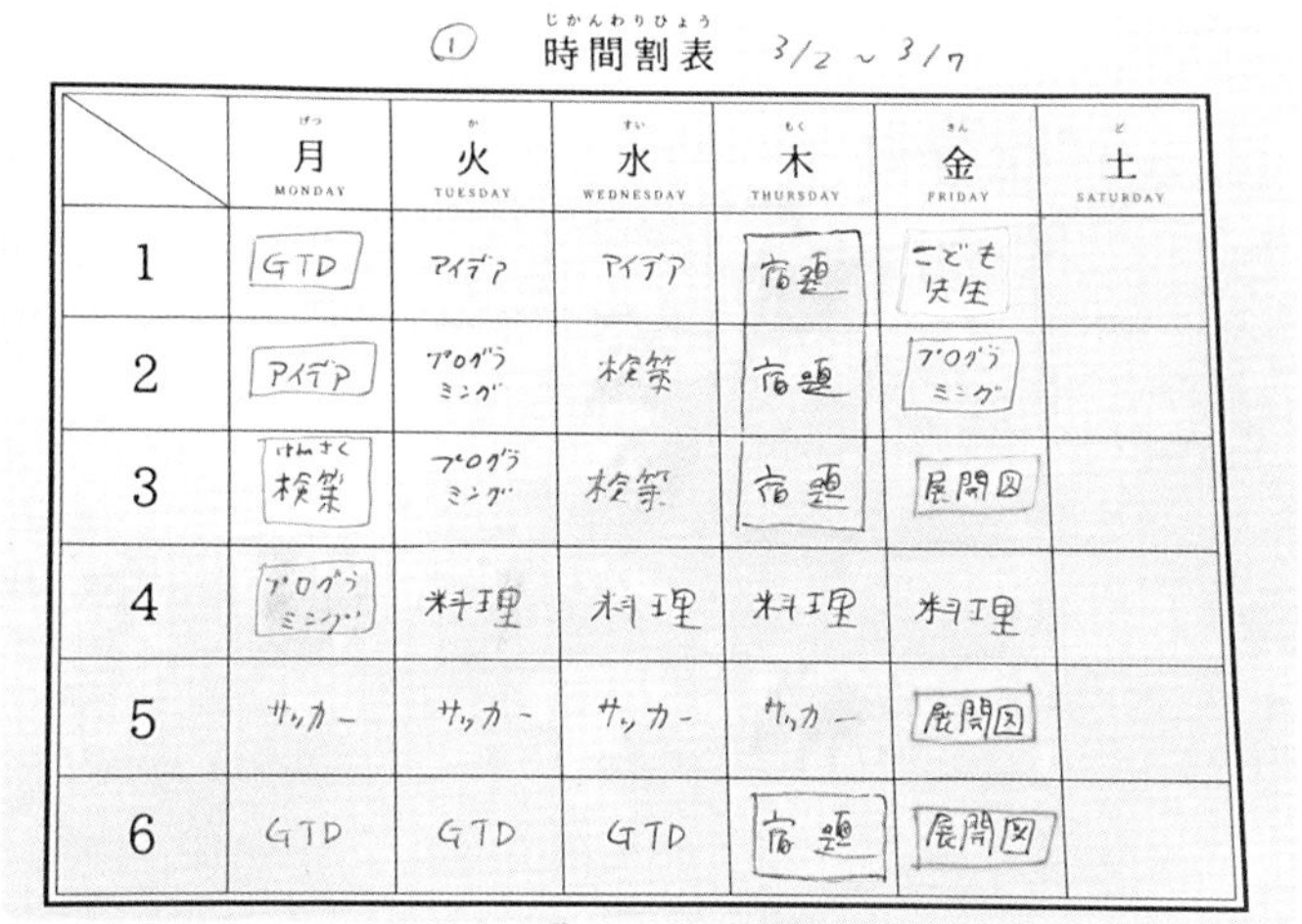

① 時間割表《じかんわりひょう》 3/2 ~ 3/7

| | 月《げつ》 MONDAY | 火《か》 TUESDAY | 水《すい》 WEDNESDAY | 木《もく》 THURSDAY | 金《きん》 FRIDAY | 土《ど》 SATURDAY |
|---|---|---|---|---|---|---|
| 1 | GTD | アイデア | アイデア | 宿題 | こども先生 | |
| 2 | アイデア | プログラミング | 検索 | 宿題 | プログラミング | |
| 3 | 検索《けんさく》 | プログラミング | 検索 | 宿題 | 展開図 | |
| 4 | プログラミング | 料理 | 料理 | 料理 | 料理 | |
| 5 | サッカー | サッカー | サッカー | サッカー | 展開図 | |
| 6 | GTD | GTD | GTD | 宿題 | 展開図 | |

「おとなこども学校」では大人・子どもどちらも先生になります。大人からは「タスク管理（GTD）」「アイデア出し」「検索」「プログラミング」「展開図」「ランドスケープ」など、小学校では習わない授業をすることに。逆に、子ども側からも僕らに教えたいことを授業してもらうことにしました。学校らしさを出すため時間割も作り、僕ら夫婦は仕事時間を調整して、それぞれが授業を受け持ちます。

いよいよ2週間の「おとなこども学校」がスタート！　まずは登校気分を出すために、長男にはランドセルを背負って一度外に出て、家に〝登校〟してもらいます。さらに授業開始時にはチャイムも鳴らしました。学校の勉強とは違う内容なので、長男の反応も新鮮です。子どもが先生になる「こども先生」の時間には、学校で習った漢字の授業を再現してくれました。昼時は「料理の時間」として、長男と一緒に昼食を調理。ピンチだった休校は、貴重な体験の2週間になりました。特に、子どもに授業をやってもらうのは、お互い学びが多く、おすすめです。

# 56 タイピングゲーム

課題

**検索に便利なタイピングを、早いうちから教えておきたい**

子どもが何かにハマるには、その前提となるスキルが必要な場合があります。たとえばハサミやカッターが使えると工作をより好きになれるし、九九を知っていれば数学を楽しめます。同じように、タイピングができるとデジタルをより高度に活用できるので、これだけは覚えさせようと思いました。

IDEA

## タイピングゲームで楽しく覚えてもらう

案：佐藤ねじ

とはいえ、親が「タイピングができると便利だからやりなよ」と強く勧めすぎると、義務・勉強っぽくなり、子どもは嫌がって離れてしまうこともあるので、プレゼンの仕方は重要です。

我が家ではiPadゲームは幼児の頃から遊んでいたので、その流れで小1の頃に「こういう面白いゲームがあるよ！」とタイピングゲームのアプリをおすすめしました。タイピングゲームはいろいろあるので渡していたら、ハマってくれて、いつの間にかタイピングができるようになっていました。

小2の頃には、自分でゲーム『あつまれ どうぶつの森』の「きんのオノ」の入手方法を調べるなど、興味の拡張ツールとして活かすようになりました。

このタイピングは、次の章で紹介する「ググる習慣」（172ページ）と「Googleカレンダー」（176ページ）のベースになります。

57

# 写真コンテスト

課題

## アウトドアに行っても、子どもはすぐ飽きてしまう

コロナ禍以降、家族で近所の森を散歩したり、キャンプに行ったりする機会が増えました。ただ、長男はそこまでアウトドアに興味がないので、飽きてしまいます。次第に、森でも子どもが楽しめる遊びがないかを考えるようになりました。

IDEA

## 「写真コンテスト」を開催したら森を楽しむ視点ができた

案：佐藤ねじ

木の表面がかっこいい
コントラストを利用した
どっちもいいな

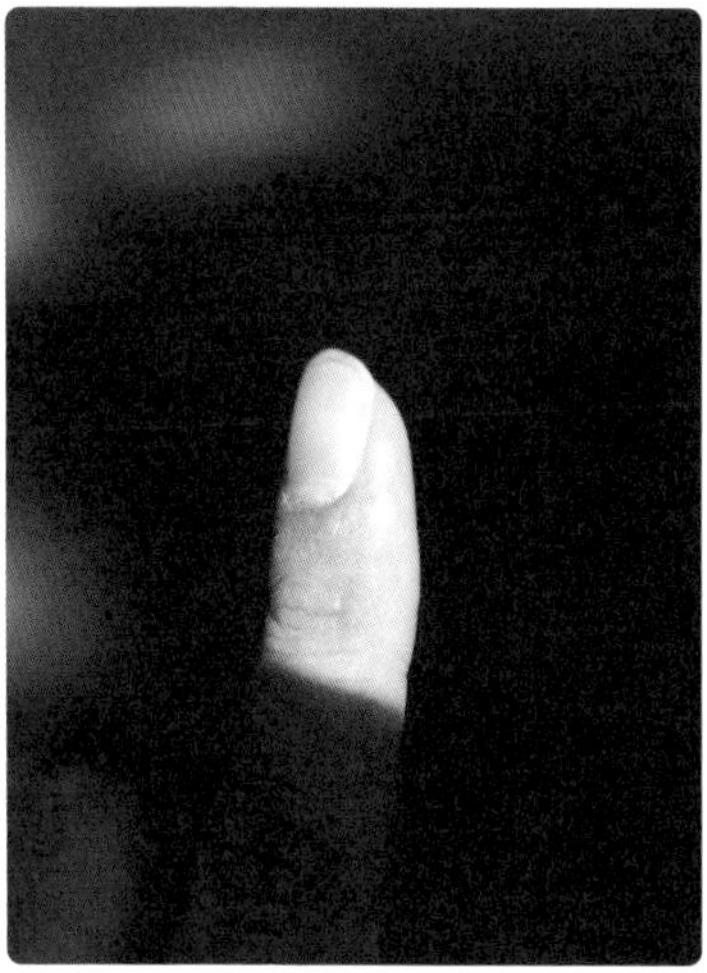
お題「光」：佐藤ねじの作品

お題「光」：小2の作品

そこで森の中でピクニックをしたときに、写真コンテストを親子で開催しました。

審査を担当する奥さんがお題を出し、僕と長男がそれぞれカメラを持って、制限時間内に森の中を思い思いに撮影。その後、「どんなところがいいのか」をプレゼンし、奥さんにジャッジしてもらうという対決ゲームです。審査員は交代制で行います。最初は森や自然に興味がなかった長男でしたが、森歩きを「コンテスト」というフォーマットにした途端、「何か面白いものがないかな？」という視点で歩き、夢中でいい写真を撮ろうとしていました。

写真コンテストに限らず、「一番強そうなどんぐりコンテスト」や「一番きれいな石コンテスト」なども盛り上がりそうです。森では子どもから目を離さないようにだけ注意してください。

# 58 どうぶつの森ごっこ

**課題**

**ゲーム『あつまれ どうぶつの森』にドハマり**

コロナ禍で学校が臨時休校になった時、小学校2年生の長男はニンテンドースイッチの『あつまれ どうぶつの森』にハマっていました。子どもに好きなものができたときは、その夢中をできる限りサポートしてあげたい。そこで、ゲームの中だけで終わらせずに、リアルな世界で何かできないか考えるようになりました。

**IDEA**

## 近所の森にある切り株で「どうぶつの森」を再現!

案:佐藤蕗

『あつまれ どうぶつの森』では、住民たちは椅子や机などの家具をDIYします。作り方が書かれたレシピ、木材などの素材を集めて、作業台で工具を使って作るという設定です。作業台にはさまざまな種類がありますが、そのひとつが、切り株のような見た目の「そぼくなDIYさぎょうだい」。そこで、息子専用の工具箱を用意。そして自作したレシピのカードを持って、息子と一緒に近所の森に行き、ゲームに出てくるような切り株を探してみました。

切り株を見つけたら、その上に工具とレシピカードを広げて、DIYごっこを開始。息子は大好きなゲームの世界観を再現できたのが相当嬉しかったようで、数年経ったいまでも、森や公園で切り株を見ると「あの遊びは本当に楽しかった」と言ってくれます。

# 59 小2ブレスト

## お題を募集して、ブレスト100本ノック

作：佐藤ねじ

「5歳児が値段を決める美術館」や「6歳ラジオ」、「小1起業家」など、〝息子シリーズ〟として、その時期にしかできない作品を長男とつくってきましたが、小2のときにやったのがこれです。

僕ら親の影響もあってか、小2の息子はアイデア出しにハマっていました。そこで、「bosyu」（募集サービス。現在は終了）でアイデア出しのお題を集め、親子でブレストしました。

蚊に刺されない方法は？という質問には「遊びに集中すると刺されても気づかない」、おいしいバナナの食べ方は「バナナの皮を、リンゴの皮にする」など、小2らしい素敵な答えがバンバン出ます。ホテルで子どもにウケる宿泊プランは「ウニすくい」、新しい学習サービスは「新しい言葉を考える授業『新国語』」など、仕事の企画に活かせそうな案も出ました。息子は誰かからお題をもらうのがとても楽しかったようでした。

## お題「新しい文具のアイデア」

**小２の回答**

**●運房具：運動＋文房具**

**→バーベルセット（鉛筆・はさみ・筆箱など）**

**→ランニングマシンの回るところで、鉛筆が削れる**

**●四つばさみ：切るチカラが増す**

**●ロケット鉛筆の構造カッター**

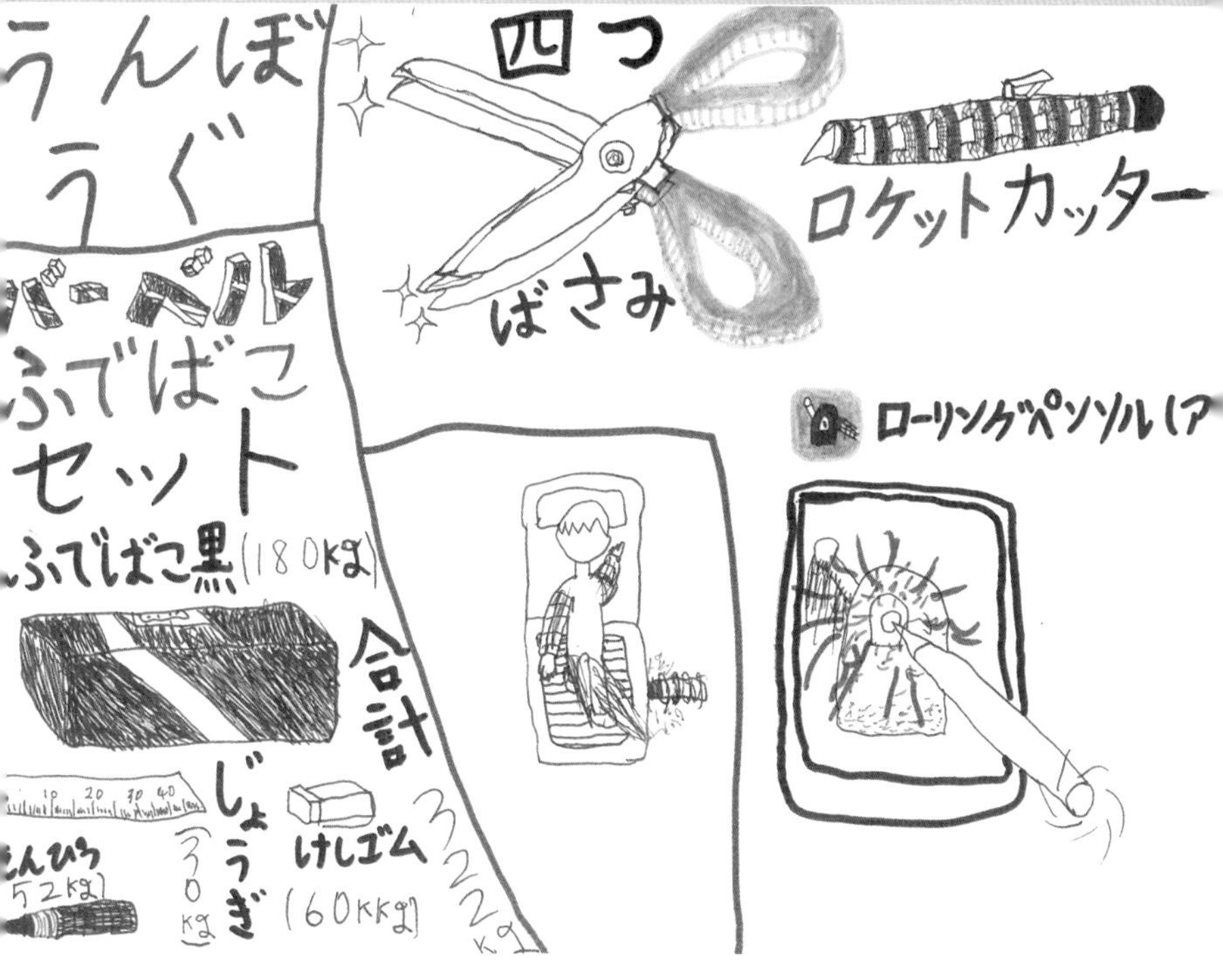

# 特に役立った小1〜2のアイデア

小学生になって、宿題や勉強についての課題に直面。
「学びは楽しいもの」と思ってもらえる方法をよく考えていました。

## 小1起業家

親に900円借金して、コーヒー屋さんを家庭内起業。子どもがたくさんのことを学んだ。

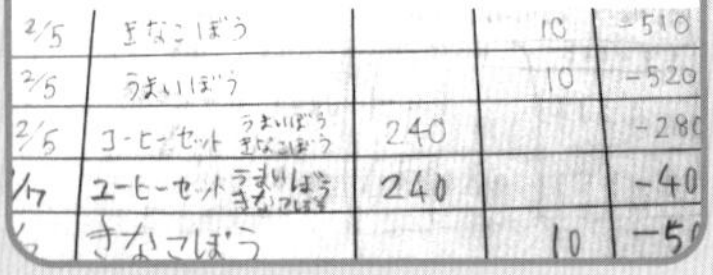


## おかえりのくす玉

小1。初めての1人下校を、くす玉でお祝い。とても喜んでくれた。

## 勉強を面白くする

親への宿題・エンタメ音読・ひらがな採集など、学校の勉強を楽しくする工夫をいろいろした。

## おとなこども学校

子どもも先生になり、お互い教え合う「学校」を開校。コロナ禍の休校中に実施。

## どうぶつの森ごっこ

近所の森にある切り株で『あつまれ どうぶつの森』を再現。ゲームでハマったことから、DIY遊びに。

## タイピングゲーム

小1〜小2。タイピングゲームで楽しく覚えてもらう。『あつまれ どうぶつの森』のアイテムを自分で検索。

Chapter 7

# 小学3~5年生のアイデア

小3〜5年生発想法　その1

# デジタルデバイスを活用する

成長と共に、子どもは友達や自分の時間を大切にするようになります。高学年になって思春期が始まると、親の言葉を素直に聞く年齢でもなくなります。僕らもまさに現在進行形で模索中ですが、本章ではそんな小学校中学年以降のアイデアをご紹介します。

POINT

「勉強しなさい」ではなく、Googleカレンダーの使い方を教える親の言うことになんでも反発してしまう時期。でも高学年になった子どもに教えたいことは、親としてたくさんあります。直接言ってもダメなら、どう伝えたらいいでしょうか。

うちの場合、効果的だったのは「iPadを活用して教える」という方法です。子どもはiPadやスマホなど光るデジタル機器が大好き。新しいアプリを紹介すると、だいたい興味を持ってくれます。

たとえばGoogleカレンダーは「時間管理の概念」を教えるのにとても有効でした。小5の子が「睡眠・食事・学校」などの予定を入れると、自分の自由時間がいかに少ないか、時間とはこんなにも有限で大事なものだ、ということが視覚的に理解できるようになります。そうすると「ゲーム」「勉強」「趣味」などの時間をうまく使えるようになっていきました。

また、何かに興味を持ったときに、すぐiPadを使って自分で検索することも教えました。この習慣ができたことで、プログラミングにハマった時期、自分でコードを調べて、勝手にどんどん学び、没頭していきました。

ほかにも、親が「もっとニュースを見ろ」なんていっても嫌がられそうですが、経済メディア『NewsPicks』を教えてみたら、楽しそうにイーロン・マスクやAIの最新情報を読み、親子の会話の幅も広がりました。アプリの効果は絶大です。

小3〜5年生発想法　その2

# 子どもを大人扱いする

POINT

## 大人と同じ用語で説明する
## 本物を体験させる

小学校高学年にもなると、かなり複雑な言葉や概念を理解できるようになります。小3あたりからは、何かを子どもに説明するとき、あえて大人にするのと同じように話してきました。「小3だから」「小5だから」という領域はなくて、大人に話す感覚です。同時に、「本物を体験させる」ことも大事にしています。

大人は、難しい話は子どもにはわからないと思って、遠まわしな説明をしがちです。たとえばプログラミングを教えるとき、「子ども向けプログラミング作品」だけを見せても、高学年の子はワクワクしてくれないかも。それよりも、プロが実装した超面白いデジタル作品を見せた方がいい。中身がわかっていなくても、実装されたコードの「変数」の部分だけを子どもに入力させて、数字を変えるとどう動きが変わるかを体験させた方がいい。そういう「本番体験」を先にさせた方が、興味を持ちやすいかなと思います。

そして、子どもが何かに興味を持ったら、その年齢の領域を越境したコンテンツもどんどん渡すようにします。実際にうちでは、雑談の流れから「ビジネスモデル講座」が始まったり、習ったこともない√（ルート）や三角関数の数学問題を、急に遊びで一緒に解いてみようぜ、とかやったりもします。子どもがそこに興味が湧いたタイミングで見せると、面白い反応を見せることもあります。本章で紹介する「夏休みの会社見学」は、その一例です。

親にできる範囲でいいので、子どもに〝本物〟を経験させていくことは、子どもの夢中を刺激する、いい方法だと思います。

# 60 プログラミング

課題

## プログラミングが楽しい遊び道具になってほしい

問題を見つける力や解決する力をはぐくむ学習である教育の一環として、２０２０年に小学校の授業にプログラミングが組み込まれました。多くの場合、小5か小6から授業が始まります。学校には学校なりの教え方があると思いますが、プログラミングが「義務・勉強」として子どもに伝わることで、つまらないものにならないようにしたいと思いました。将来仕事に活かすためとか、そういうことでもなく、単純に「何かを表現したり、実現する道具」として、ペンと紙を使うのと同じように、プログラミングがちょっとわかると便利だと思っています。うちの場合、僕が仕事で関わっていた「toio Do」という小学生でもロボットゲームが簡単に作れるアプリで、長男はプログラミングにハマりました（ロボットトイ「toio™（トイオ）」を使ったものです）。その話をご紹介します。

IDEA

# プログラミングにハマった3条件「iPad慣れ、リファレンス、締め切り」

案：佐藤ねじ

長男がプログラミングにハマったのには、3つの段階が重要だったと思います。それは、「iPad慣れ」「リファレンス」「締め切り」です。

第1段階は「iPad慣れ」。タイピングができて、ネット検索できるリテラシーを持っておくことが大事だったと感じています。うちの場合は小2でタイピング、小3でググる習慣ができていたことがベースになっています。また小3でプログラミング教材のScratchやゲームの『マインクラフト』も触っていたので、プログラミングへの抵抗感は少なかったと思います。

App Store、iPad、iPadOSは、Apple Inc.の商標です。

続いて第2段階の「リファレンス」。子どもには、できるだけ楽しい事例（リファレンス）を見せてあげることが重要です。プログラミングでどんな楽しいことができるのか知らないと、作りたいと思うモチベーションや、想像力は乏しいままです。子ども向けプログラミング教材は、この事例の部分が楽しくないと思っています。大人でもワクワクするような、本当に面白いものをたくさん見せてあげることが大事ではないでしょうか。

長男には、「toio Do」で作られたロボットプログラミング作品をたくさん紹介しました。すると、非常に刺激的だったようで、「俺だったらこんな仕掛けやゲームを作りたい！」と大興奮。いいサンプルをたくさん見たことで、アイデアがたくさん生まれたようです。

そして、第3段階の「締め切り」。子どもは宿題や習い事などで忙しいので、締め切りがないと先延ばしになりがちです。そこで、僕が「こんなコンテストがあるから出してみたら？」と提案。息子は興奮して「やる！」と反応し、締め切りまでの日数を逆算して、プログラミングに没頭するようになりました。大好きなゲームの時間を削るほど夢中になって、シューティングゲームなど、「toio Do」でたくさんの作品を作りました。

この一連の流れで気がついたのが、子どもに何かを吸収してもらうには、「超やりたい！」という強いモチベーションが大事だということです。以前はまったくプログラミングに興味がなかった長男も、「ゲームを作りたい」という思いが生まれた途端、大変身。僕のアドバイスにも耳を傾けるし、わからないことは自分でググるようになりました。プログラミングだけでなく、今後何か課題にぶつかったとき、すぐにあきらめるのではなく、自分で解決する「生きる力」が芽生えた気がします。

1
ipad慣れ
キーボードうてる！
ipadさわれる！

2
リファレンス
toio スライドパズル
人工知能
時計
対戦ゲーム
あんなもの
すごいゲーム
わあー!!

3
締め切り
こどもプログラミングコンテスト!!
5 may 2023
しめきり!!
しめきりは1ヶ月後!!
やるぞ!!

# 61 ググる習慣

課題

## 興味があることを、自分で調べる力は大事

小学生にネットを教えるかは議論が分かれるところだと思いますが、我が家はデジタル推奨派です。特に、何か興味が湧いたときに、自分で調べる習慣を身につけておくことは、とても重要だと思っています。そこで、ネットで「ググる（Google検索する）」方法を教えることにしました。

IDEA

## 動画・記事・書籍・人に聞く いろんな調べ方を知ってもらう

案：佐藤ねじ

長男は小2の終わり頃、ニンテンドースイッチの『あつまれ どうぶつの森』にドハマりしていました。当時の悩みは、「レアアイテムをどうやって獲得するか」。そこで、「iPadで調べてみたら？」と声をかけて、検索方法を教えました。これをきっかけに「検索」のやり方を覚えて、日常生活で疑問を持つと、自分でググって調べるようになりました。

調べる内容によっては記事を検索するより、画像検索が早い場合や、Youtube検索が効果的な場合もあります。小3の時点で、それぞれの検索方法も、その都度教えていきました。デジタルやネットは、危ないことを教えたうえで、調べ物をするのには便利な道具、としてやり方を教えています。

この「ググる」習慣は、このあと、小4でプログラミングを始めたときにも、その後の子どもの学びにも大いに役立ちました。

# 62 小5定例会議

課題

## 思春期になってきて長男と話す時間が激減

小5（10歳）くらいから、長男は思春期の雰囲気が出てきました。夕飯が終わると、すっと自分の机に戻っていってしまう。うちの場合、7歳差の次男がいるので、そちらの対応に時間をかけがちですが、多感な時期だからこそ、長男としっかり話せる時間を設けられないかと考えました。

IDEA

## 毎週日曜の午前に、長男とのミーティングを定例化

案：佐藤ねじ

ゆっくり話す時間がとりにくいなら、定例ミーティングにして習慣化すればいいと考えました。毎週日曜の朝に長男と2人でカフェに行って、1時間ほど話をする会です。

まず、最近何にハマっているか、今週どんなことをしたかなどを教えてもらいます。それを受けて、僕の知っている事例を紹介します。算数の話が出たら、ユーチューバーのヨビノリたくみさんの動画を紹介したり、地理で「九州の球磨川」が出たら実際の画像を検索してみたり、プログラミングの面白い事例を紹介したり。

さらに、この会からさまざまなプロジェクトも生まれました。後ほど紹介する「会社見学」もそのひとつです。家ではない場所でミーティングすることで、父と子という関係よりも、ビジネス仲間のような感じで話せるので、会話が減ったときにはおすすめです。これは1年以上続いています。

# 63

# Googleカレンダー

**課題**

## ゲームだけで時間を溶かしちゃう子に時間管理を伝えたい

YouTubeやゲームに没頭する子どもに、「勉強しなさい」と言うのは親あるあるです。僕はゲームでもなんでも夢中になるのはいいことだと思っていますが、いろいろやりたいことがあるのに、ゲームだけで時間を溶かすのはもったいない。説教くさくせず、子どもが時間管理できるようにするには、どうすればいいか考えました。

**IDEA**

## Googleカレンダーで時間感覚を身につける

案：佐藤ねじ

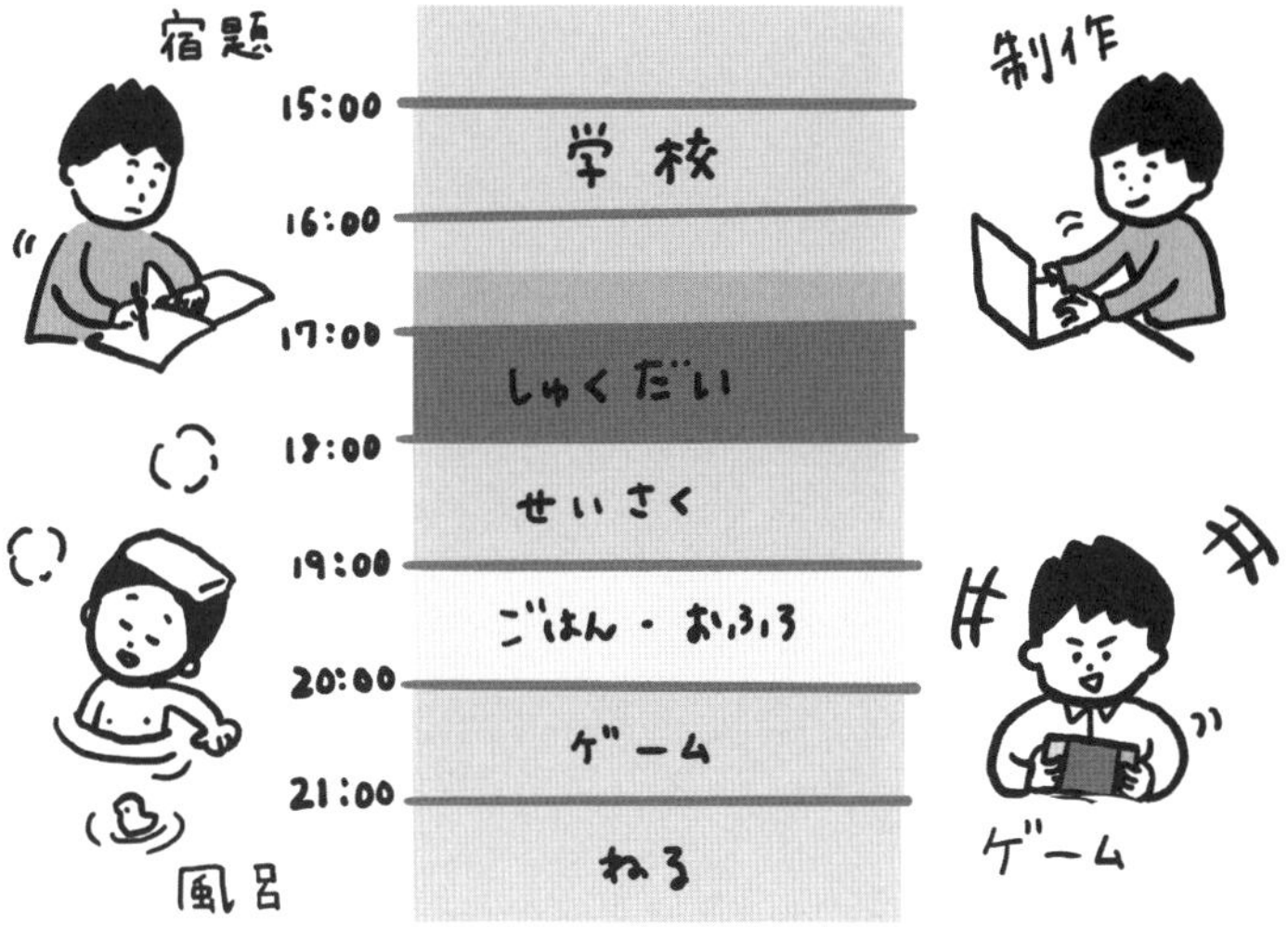


長男はデジタルツールに興味を持ちやすいので、Googleカレンダーでの時間管理を教えてみました。

まず、「学校」「宿題」「サッカー」といった固定の予定を入れることで、ゲームなど自由に使える時間はどのくらいか可視化します。これを毎週繰り返すと「時間が有限であること」が視覚的にわかるようになります。

さらに実際にやったことを日記的にカレンダーに記入する「振り返り」もしてもらいます。夕食後ボーッとして1時間すごした場合は、そうカレンダーに記入。厳密ではなく、ざっくりした記録でOKです。

そして、この1週間の記録を「日曜の毎週定例」で一緒に振り返ります。子どもがもっとゲームがしたいと思うならば、このボーッとする時間を削ればいいんだと気づけたりします。「時間を守りなさい」とガミガミ言うより、「カレンダーアプリで記録すると面白いよ」とやり方を伝える方が、お互いにとっていいのかなと思います。

64

# 夏休み会社見学

課題

**思春期で、親の言うことは聞かない。でも夏休みを有効に使ってもらいたい**

小5の夏休みは、いろんな興味を深めるチャンスだけど、親があれこれ提案することには反発してしまう年頃。子どもの興味のスイッチをうまく入れる方法はないかと思案しました。

IDEA

## 夏休み＝「平日に会社見学できる1か月」いろんな大人の働く現場を見せられる

案：佐藤ねじ

長男を見ていると、親以外の大人が言うことには刺激を受けることも多い様子でした。そこで、いろんな大人から刺激をもらおうと、小5の夏休みに知人の会社を見学しに行きました。お邪魔したのは、アニメ会社やプログラミング会社など3社。大人たちが楽しそうに仕事する現場に、息子も興味津々。そこで「プロセッシング」というプログラミング言語と、サインコサインを使った「数学アニメーション」を教えてもらい、興味爆発！　小5の夏はプロセッシング制作に没頭していました。

夏休みの平日は、子どもは自由に動け、会社は活動しているので、絶好の会社見学チャンス。親が半日でも休みをとれば実現可能です。子どもは「大人が働く現場」を見る機会があまりありません。子どもが興味のあるジャンルの会社はもちろん、どんな種類でも楽しい体験になると思います。

65

# 家族の年間ランキング

**課題**

**1年間の目標振り返りは個人だけでなく、家族でやるのも楽しい**

僕は年末に1年間の仕事や生活を振り返って、来年の目標を立てることが大好きです。誰に見せるわけでもないのに、今年の10大ニュースをまとめたり、よかったサウナやカフェのベスト10を作ったりします。定期的に振り返りをすると、来年に活かせることも増えて楽しいので、家族でもやってみることにしました。

**IDEA**

**家族で1年間を振り返って、「面白かったことランキング」を作る**

案:佐藤ねじ

数年前、年末に実家へ帰省したとき、時間が空いたので、家族で1年間の振り返りをしました。それ以来、毎年やっています。ただ振り返るだけでは面白くないので、「今年のよかったことベスト10」と「悪かったことベスト10」を家族全員が発表します。

長男が小3のときのよかったこと1位は『あつまれどうぶつの森』、2位は「学童でドッジボール(避けまくって投げまくった)」だそうです。ドッジボールがそんなに好きとは初耳でした。

次男が4歳のときのよかったこと1位は「青森旅行」、2位は「今日(大晦日)の大掃除」だそうです。まだ1年を振り返る記憶メモリがないので、今日が楽しいという回答がかわいいですね。

これを毎年メモしていくと、その当時の家族の雰囲気がわかって、楽しい記録になり、おすすめです。

# 66 人間コントローラー

## ゲームコントローラーで、人を操作する

作：佐藤ねじ

ゲームのキャラクターを動かすように、リアルな人間を操作できる「人間コントローラー」を作りました。

遊び方は簡単。プレイステーションのコントローラーのボタンを押すと、操作される人間がつけているイヤホンから、「パンチ」「前へ進め」などの音声が聞こえるので、その指示に従って動いてもらいます。コントローラーで操作した通りに動いてくれるので、すごく不思議な体験になります（スマホとコントローラーをつなぐアプリを作って実現）。

実際に長男をコントローラーで操作してみると、軽やかにパンチしたり、走ってくれたりして楽しいです。中でも「○」の自由アクションボタンは、長男の判断で動くので、場所によって木に登ったり、棒を拾ったりして面白いです。動かす方も動かされる方も、新鮮な体験でした。

人間コントローラー
Human Controller

人間コントローラー
Human Controller

↑ 長押し 前に進
○アクショ

○アクション

○アクショ

# 67 街の副音声ツアーガイド

## 小3の説明で、街歩きできる音声コンテンツ

作：佐藤ねじ

声を加えるだけで動画体験を変える「副音声」には、もっと可能性があるなと思っています。たとえば動画ではなく、日常の街歩きに適応したら、まったく違う散歩体験ができるのでは？と思って考えたのがこの作品。当時小3だった息子に副音声を担当してもらい、二子玉川の駅周辺のナビを歩きながら録音してもらいました。

次に街歩きの体験者には、録音した副音声を聞きながら、小3が歩いたルートをたどってもらいます。たとえば、駅前の看板を、「さんい……たくたくぎんこう、みたいなことが書いてあります。四つ葉なのかわからないロゴがあります」と説明されます。この答えは「三井住友信託銀行」なのですが、小3視点ならではのツアーガイド。また、いろんな人の副音声ツアーガイドを試してみたいと思っています。

# 小3 街の副音声ツアー

三井住友信託銀行
さんい…たくたく？ぎんこうのかんばん…
四つ葉なのかわからないロゴがあります

TOKYU Foodshow FUTAKO TAMAGAWA
Tokyu Store
よる1時まで営業
三井住友信託銀行
ATM側入口は午前9時から 建物に沿ってお回りください
正面入口は午前10時から 自動ドアからお入りください
SHOPPING CENTER
リバーフロント River Front
テラスマーケット Terrace Market
楽天クリムゾンハウス Rakuten Crimson House
楽天クリムゾンハウス アネックス
スタジオ・ホール ホテル
OAK MALL オークモール
BIRDS MALL バーズモール

# 特に役立った小3〜5のアイデア

小5になると思春期っぽさが出始めました。親子のコミュニケーションの形が変わっていく中で、これまでとはまったく違うアイデアが必要になってきました。

## ググる習慣

動画・記事・書籍・人に聞く。いろんな調べ方を知ってもらい、子どもの興味を加速できた。

## プログラミング

toio Do や Scratch で、プログラミングを学んだ。参考作品・締め切りがあることで加速。

## 小5定例会議

思春期になってきて会話が激減。毎週日曜の午前に、長男とのミーティングを定例化。

## Googleカレンダー

ゲームで時間を溶かすので、Googleカレンダーで時間感覚を身につけてもらった。

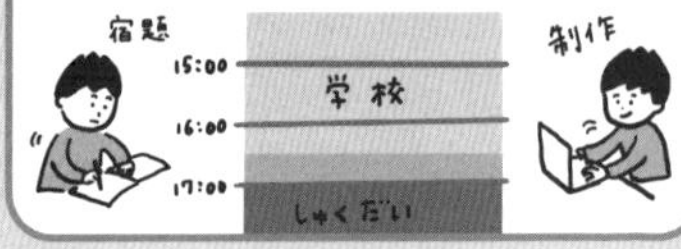


## 夏休み会社見学

夏休みを「平日に会社見学できる1か月」と定義。いろんな大人の働く現場を見せられた。

## 家族の年間ランキング

家族で1年間を振り返って、「面白かったことランキング」を作る。毎年の楽しい記録に。

# おわりに

ここまでお読みくださり、ありがとうございました。佐藤ねじの妻で、手づくりおもちゃ作家の佐藤蕗です。ふだんは、空き箱やペットボトルといった身の回りにある素材で、子どもたちが楽しめるおもちゃを作る仕事をしています。本書でご紹介している「車窓忍者」のように、アイデアと工夫で、簡単なのにすごく面白い！というおもちゃを作るのが得意です。

おもちゃ作家になる前は、建築系の設計アシスタントとして働いていました。空間の設計では、クライアントの要望や条件に対して、数ある選択肢の中から最適な答えを導き出して提案することが必要になります。たとえば細長く奥が見えない形の店舗の場合、どこにレジを置き客席を配置すればよいか。細長いという不利な条件を逆手にとって、お店の奥まで進んでみたくなる工夫はないかなど。先輩社員の設計の手腕を見て学ぶ日々でした。また、いろいろな場所に視察に行く中で、「この店舗は開店7年目なのに壁に傷がない」とか「こっちの店舗は3年目で劣化している、何が違うんだろう？」といろいろと観察するクセもつきました。ただ、設計の仕事はとても忙しく、体力的にもハードで、出産後は徐々におもちゃ作家の仕事がメインになっていきました。

設計デザインの仕事で培った思考とクセは、育児にも役に立ちました。産後の生活は、自分の裁量で動ける時間が減り、行動範囲も狭くなります。店舗設計でいう「細長く奥が見えない形」のように、不利な条件や困難な状況が次々とやってきます。

たとえば本書でご紹介した「顔シール」。このおもちゃは、初めての育児で、赤ちゃんと2人きりの日中に、気を抜けば寂しくなってしまうという不安な気持ちから生まれました。

産後の生活はかなり制約が多い。でも嘆いていてもしょうがない。じゃあ逆手にとるとしたらどうすればいいんだろう？というところから「いまだからできること」→「赤ちゃんがこの月齢でしかやらないこと」→「顔を貼る」という答えにたどり着いています。なんで顔を貼ったの？とよく質問されますが、私の中ではわりと筋が通っているのです。育児の中で困難があるとき、「これをおもちゃに昇華するには」と考えることが精神の安定にもつながりました。手作りおもちゃについては、楽しい作り方の本を何冊か出版していますので、そちらもご覧いただけると嬉しいです。

物事をじっと観察するクセも続いています。本書でご紹介した「こどもポスト」は、子どもの行動を観察しているうちに思いついたおもちゃですが、使っている際にも面白い気づきがありました。このおもちゃは、細いスリットにカード状のものをいろいろと入れるというもの。でも遊んでいる様子を見ていると、明らかに入らないような大きさの物もスリットに入れようとするのです。ぐっぐっと押し込んでみて、ダメなら違うものを入れてみる。これをずっと繰り返して、ある日突然やらなくなりました。

私の目にはこの行動は、物の大きさの違いを学んでいるように見えました。手に持った物と、そこにある穴の大きさの関係。試しきったから、終わったのかな？と。そのような視点で子どもの行動を観察していると、子どもというのは毎分毎秒、成長したがっていることがよくわかります。その気づきから、元々子どもが持っている成長パワーを邪魔しないことを目標にし、なるべく応援したいと思うようになりました。

夫のアプローチは私とまた違っていて、横で見ていると「お見事……！」と言いたくなります。私がおもちゃや物を使うことが多いのに対して、夫は言葉やルールだけを使うので、まるで魔法のように見えるのです。中でもP96の「見えない着替え室」は本当にすごくて、あんなに着替えたくないと喚いていた子が数秒後にはグフグフ笑いながら着替えてしまうので（しかも丸見えですから）、あまりの効果に、さっきまで怒っていた私にもつい笑いが込み上げてきます。

長男が小学校高学年になってからの育児ハックには私はあまり関わっていませんが、着々とプログラミング的思考などが身についてきているようで頼もしい限りです。私が仕事で悩んでいるときなどには、長男が問題点を整理してくれることもあります。すでに彼の方が私よりも論理的思考ができるのではないかと驚かされます。もう思春期でもあるので、母である私はただどすんと座って笑っていようと思っています。

本書の執筆にあたって過去の記録や写真を見返すことで、たくさんの方々に支えられてきたことを実感しました。保育園や学校の先生方、苦楽を共にしてきたママ友たち、ずっと応援してくれている実家の家族に、心からの感謝を。そして、私たち夫婦と一緒に毎日を過ごしてくれている2人の息子たちには、特大の感謝を伝えたいと思います。

佐藤蕗

## 佐藤 ねじ

１９８２年生まれ。プランナー／クリエイティブディレクター。面白法人カヤックを独立後、２０１６年ブルーパドルを設立。ＷＥＢ・アプリ・商品やお店などの企画とデザインを行う。主な仕事に「ボードゲームホテル」「隠れ節目祝いｂｙよなよなエール」「アルトタスカル」「不思議な宿」「佐久市リモート市役所」「小１起業家」「劣化するＷＥＢ」など。著書に『超ノート術』（日経ＢＰ）がある。

## 佐藤 蕗

１９８２年生まれ。手づくりおもちゃ作家。建築設計事務所勤務を経て、第１子の出産を機にフリーランスに。育児をしながら作っていたおもちゃが反響を呼び、デザイナーやイラストレーターとしての活動のかたわら造形作家として、現在は雑誌や新聞、ＷＥＢなどで作品を発表している。著書に『ひらめいた！ 遊びのレシピ ふきさんのアイデアおもちゃ大百科』（偕成社）など。

# 子育てブレスト

## その手があったか!
## 67のなるほど育児アイデア集

2023年8月7日　初版第１刷発行

著　者　佐藤ねじ・佐藤蕗
発行者　大澤竜二
発行所　株式会社小学館
〒101-8001 東京都千代田区一ツ橋2-3-1
電　話　編集 03-3230-5930　販売03-5281-3555

印刷所　凸版印刷株式会社
製本所　牧製本印刷株式会社

＊造本には十分注意しておりますが、印刷、製本など製造上の不備がございましたら「制作局コールセンター」
（フリーダイヤル 0120-336-340）にご連絡ください。
（電話受付は、土・日・祝休日を除く 9：30～17：30です）


Printed in Japan
ISBN978-4-09-389123-3

装丁・本文デザイン　中屋辰平
イラスト　佐藤蕗
撮影　佐藤ねじ・佐藤蕗
編集協力　藤村はるな
編集　高野杏里

協力／株式会社ソニー・インタラクティブエンタテインメント
株式会社ハードオフコーポレーション、株式会社文溪堂